Anton Handlirsch

Monographie der Phymatiden

Anton Handlirsch

Monographie der Phymatiden

ISBN/EAN: 9783743307377

Hergestellt in Europa, USA, Kanada, Australien, Japan

Cover: Foto ©Andreas Hilbeck / pixelio.de

Manufactured and distributed by brebook publishing software
(www.brebook.com)

Anton Handlirsch

Monographie der Phymatiden

ANNALEN

DES

NATURHISTORISCHEN HOF

(SEPARATABDRUCK AUS BAND XII, HEFT

Monographie der Phymati

Von

Ant. Handlirsch.

Mit 6 Tafeln und 35 Abbildungen im Texte.

WIEN, 1897.

ALFRED HÖLDER

K. UND K. HOF- UND UNIVERSITÄTS-BUCHHÄNDLER.

Die Annalen des k. k. naturhistorischen Hofmuseums erscheinen in jährlich
vier Heften, die einen Band bilden.

Der Pränumerationspreis für einen Band (Jahrgang) beträgt 10 fl. ö. W.

Mittheilungen und Zusendungen, sowie Pränumerationsbeträge bitten wir zu
adressiren: An das k. k. naturhistorische Hofmuseum, Wien, I., Burgring 7.

Von dem k. k. naturhistorischen Hofmuseum, sowie durch die Hof- und
Universitäts-Buchhandlung von A. Hölder in Wien sind sämmtliche Abhandlungen der
»Annalen« als Separatabdrücke zu beziehen. Darunter:

Monographie der Phymatiden.

Von

Ant. Handlirsch,

Assistent am k. k. naturhistorischen Hofmuseum.

Mit 6 Tafeln (Nr. IV—IX) und 35 Abbildungen im Texte.

Wie auf den meisten Gebieten der Entomologie hat sich auch auf jenem der Hemipterologie im Laufe der Jahre eine grosse Zahl aphoristischer, unzusammenhängender und in vielen, oft sehr seltenen Zeitschriften vertheilter Publicationen angesammelt, welche weitere Studien zumeist sehr erschweren.

Zahlreiche Formen, Arten und Gattungen sind in diesen mehr oder minder, meist aber minder guten Arbeiten beschrieben; es finden sich auch Daten über Biologie, Anatomie, Verbreitung, Synonymie u. s. w., doch ist Alles so zerstreut und ungleichwerthig, dass man unmöglich von einer sicheren Basis sprechen kann, auf welcher in rationeller Weise weitergebaut werden könnte, und es ist eine ganz natürliche Reaction gegen diesen Zustand, wenn sich in neuerer Zeit das Bestreben, grössere zusammenfassende Werke zu schaffen, geltend macht.

Die Publication solcher monographischen Arbeiten ist nach meiner Ansicht auch das einzige Mittel, um der entomologischen Systematik wieder jene Bedeutung in der Wissenschaft zu geben, die ihr gebührt.

Der Grund, warum trotzdem verhältnissmässig so wenige Monographien erscheinen, liegt nicht etwa in dem Mangel geeigneter Arbeitskräfte, sondern wohl in erster Linie in der Schwierigkeit, die nothwendige Literatur und das entsprechende Materiale — namentlich Typen — zu bekommen; zum Theil mag wohl auch der Umstand wenig ermunternd wirken, dass es oft mit grossen Schwierigkeiten verbunden ist, die Mittel zur Publication umfangreicherer Arbeiten mit zahlreichen Tafeln aufzutreiben, namentlich dann, wenn sich dieselben für einen Verleger nicht »rentiren« oder wenn der Autor nicht Mitglied einer Akademie ist.

Mit um so grösserer Freude müssen wir es daher begrüssen, dass nunmehr fast alle Museen des Continentes ihre reichen Schätze zur Verfügung stellen und sogar die zur Publication reich und kostspielig illustrirter Arbeiten nothwendigen Summen bewilligen.

Nur Englands Museen weigern sich — aus welchen Gründen bleibe dahingestellt — constant, ihr unschätzbares Material auswärtigen Fachleuten zugänglich zu machen. Es ist dies um so mehr zu bedauern, als ja gerade im Britisch-Museum die Zeugen der vielen von Walker, Smith u. A. begangenen wissenschaftlichen Verstösse verwahrt werden, an denen ja doch auch die damalige Leitung des Institutes einige Schuld trägt.

Die Museen in Berlin (Geheimrath Möbius und Dr. Karsch), Brüssel (Dr. H. Severin), Budapest (Dir. Dr. Horváth), Dresden (Dr. K. M. Heller), Genf

(Conservator Frey-Gessner), Genua (Dr. Gestro), Halle (Prof. Taschenberg), Hamburg (Dr. v. Brunn), Kopenhagen (durch E. Bergroth), Leiden (Dir. Dr. Jentink), Lübeck (Dir. Dr. Lenz), München (Custos A. Hiendlmayr), Paris (Dr. Ch. Brongniart), Stockholm (Dir. Dr. Aurivillius) und Stuttgart (Dr. Vosseler) haben mir in zuvorkommendster Weise ihr Material zur Verfügung gestellt, ebenso die Herren E. Bergroth, Dr. Brancsik, W. L. Distant, A. L. Montandon und M. Noualhier. Ihnen allen sei hier der wärmste Dank ausgesprochen.

Knapp vor dem Abschlusse der Arbeit erhielt ich noch durch Herrn G. C. Champion das reiche, für die Biol. Centr. Amer. aufgesammelte Materiale aus der Sammlung des Herrn Godman. Wir sind übereingekommen, unsere Arbeiten in Uebereinstimmung zu bringen und gleichzeitig zu publiciren, so dass Collisionen vermieden werden und jedem Bearbeiter für seine Arten und Untersuchungen die Priorität gewahrt bleibt.

Dank der Liberalität der oben genannten Institute und Collegen ist es mir gelungen, Typen fast aller von Fabricius, Westwood, Stål, Sharp, Fieber, Signoret, Mayr, Guérin, Amyot und Uhler beschriebenen Arten zu untersuchen und so meine Arbeit zu einer möglichst vollständigen zu machen. Zu meinem grössten Bedauern konnte ich trotz vieler Bemühungen und trotz der bereitwilligen Unterstützung durch die Herren Dr. Sharp, W. F. Kirby und G. W. Kirkaldy die Typen der drei von Westwood beschriebenen *Amblythyreus*-Arten und der zwei von J. Scott beschriebenen Phymaten aus Neuseeland nicht bekommen. Sie stecken leider in den Sammlungen der Museen von London und Oxford.

Ich kann diese einleitenden Worte nicht schliessen, ohne der Intendanz unseres Museums für die Bewilligung der zur Herstellung der Illustrationen nothwendigen Mittel wärmstens zu danken. Herrn Baron v. Schlereth gebührt für die meisterhafte Ausführung der vier Tafeln das vollste Lob.

Ein kurzer Rückblick auf die vorhandene Phymatidenliteratur möge ein Bild der allmäligen Fortschritte in der Kenntniss dieser schwierigen, aber interessanten Gruppe geben und zeigen, dass das Eingangs in Bezug auf die Literatur Bemerkte auch hier vollkommen zutrifft.

———— ——

In der Zeit vor dem Erscheinen der 10. Ausgabe des Systema Naturae waren die Phymatiden vollkommen unbekannt. Linné beschrieb in dem genannten Werke (**1758**) die erste Art als *Cimex erosus* (pag. 443) mit wenigen Zeilen: »C. abdomine membranaceo depresso flavo: fascia nigra, thorace rugoso, tibiis anticis incrassatis. Hab. in America. Rolander. Antennae clavatae. Thorax niger, antice flavescens, rugosus, margine undique erosus. Abdomen rhombeum, membranaceum, alis latius, flavum fascia nigra. Alae griseae. Tibiae anticae breves, sed crassissimae, ut in Mante.«

Nach dieser Beschreibung allein ist es nicht möglich, diesen *C. erosus* mit einer von den heute bekannten Arten zu identificiren. Linné hielt den verdickten Theil der Vorderbeine für die Tibie, ein Irrthum, der sich bis in die jüngste Zeit erhalten hat.

1761 brachte Sulzer (Kennzeichen der Insecten) die erste Abbildung einer *Phymata*-Art, wahrscheinlich der europäischen *Ph. crassipes,* unter dem Linné'schen Namen *Cimex erosus.* Der Text wurde dem Systema Naturae entnommen und stimmt daher nicht mit der Figur überein.

Ein Jahr später (**1762**) beschrieb Geoffroy (Hist. des Insectes) die europäische Art *(crassipes)* als *Cimex oblongus fuscus. pedibus primi paris cheliformibus* etc. ganz kenntlich. Geoffroy hat bekanntlich in diesem Werke noch keine binäre Nomenclatur.

Im Jahre **1763** nannte Scopoli (Ent. Carn.) dieselbe europäische Art *Cimex abietis* L. Nun ist aber *Cimex abietis* L. S. N. 450 = *Gastrodes abietis* Aut., also keine Phymatide, sondern ein Lygaeide, und die späteren Autoren haben deshalb für die Phymatide Scopoli's einen anderen Namen *(crassipes)* verwendet.

Schäffer's Icones (**1766**) enthalten eine sehr primitive Abbildung derselben Art in natürlicher Grösse ohne Namen.

Linné's S. N., ed. XII, **1767**, ist in Bezug auf *C. erosus* ganz gleich mit der X. Ausgabe.

Im dritten Bande von Degeer (**1773**) finden wir einen *Cimex Scorpio* beschrieben und abgebildet. Es ist wohl dieselbe Art, die Linné als *erosus* bezeichnet hat und wie das Stück Linné's von Rolander gesammelt. Die ausführlichere Beschreibung im Vereine mit der Abbildung und dem nunmehr genauer bezeichneten Fundort Surinam ermöglichen eine ziemlich sichere Deutung der Art.

Auch die Müller'sche Ausgabe des Systema Naturae (**1774**) bringt nichts Neues.

1775 bringt Füsslin in seinem Verz. schweiz. Ins. wieder einen *Cimex erosus* mit den Citaten der Figuren von Sulzer und Schäffer, also wieder die bereits bekannte europäische Art. Hier finden wir auch die erste biologische Notiz: »Mit den Vorderbeinen haschet oder fänget es kleinere Insecten und hält sie damit fest, bis sie dieselben ausgesogen und getödtet hat.«

Noch im selben Jahre bezeichnet Fabricius (Syst. Ent.) diese bereits mehrfach erwähnte Art mit dem Namen *crassipes*, der ihr wohl verbleiben wird, und stellt sie in die Gattung *Acanthia*, in welche er auch **1781** (Spec. Ins., II) Linné's *erosa* einreiht. Auch die Mant. Ins., II, **1787** enthält keine neue Art.

In der kleinen Fourcroy'schen Ausgabe Geoffroy's (**1785**) heisst *crassipes*: *Cimex chelifer*.

Im Jahre **1787** erschien eine Arbeit von Swederus im Vet. Akad. nya Handl., VIII, die sich vor allen anderen aus jener Zeit durch die Güte und Genauigkeit der Abbildung und Beschreibung auszeichnet; sie enthält eine neue Art aus Nordamerika, *cimicoides*, auf welche auch gleich ein neues Genus, *Macrocephalus*, gegründet wird.

1789 bringt Römer (Gen. Ins.) wieder so wie Sulzer Linné's Diagnose des amerikanischen *erosus* mit der Abbildung der bekannten europäischen Art.

Gmelin's Ed. XIII. des Natursystems (**1789**) enthält nur die zwei bereits bekannten Arten *erosa* und *crassipes*, Rossi's Fauna Etr. (**1790**) nur *crassipes* als *Acanthia*.

1791 gab Brahm (Handb. der ökon. Insectengesch.) eine biologische Notiz über *Cimex erosus (= crassipes)*.

1794 erschien eine verhältnissmässig gute Abbildung der *crassipes* in Panzer's Fauna Germ. und im IV. Vol. der Ent. Syst. von Fabricius Diagnosen von *erosa* und *crassipes* nebst einer zweiten neuen Art aus Europa: *Acanthia monstrosa*.

Schellenberg (**1800**) war der Erste, der den Tarsus an den Vorderbeinen seiner *Acanthia crassipes* richtig erkannt und abgebildet hat.

Wolff, Icones Cimicum, fasc. 3, **1802** enthält *Acanthia crassipes* und *erosa*. Die verdickte Partie der Vorderbeine wird von ihm richtig als Femur angesprochen, der Tarsus aber übersehen, die Mittel- und Hintertarsen als eingliedrig beschrieben. Wolff's *erosa* ist wohl mit *erosa* der früheren Autoren nicht ganz identisch und bezeichnet eine nordamerikanische Subspecies derselben Art.

Im selben Jahre erschien ausserdem eine magere Beschreibung der *Acanthia crassipes* von Walckenaer (Faune Paris.) und im dritten Bande der Histoire naturelle die erste Beschreibung der Gattung **Phymata**, eingereiht in die zweite Division seiner *Cimicides*, neben *Acanthia (Salda)*, *Nabis*, *Reduvius* etc. und dadurch von *Aradus* und *Tingis* getrennt, die mit *Coreus*, *Lygaeus* etc. in der ersten Division stehen. Der geniale Latreille hat also auch hier, wie in so vielen Fällen, mit Scharfblick die natürliche Verwandtschaft erkannt oder wenigstens geahnt. Als Typus der Gattung citirt Latreille *Ac. crassipes* Fab. Auch er hält noch den verdickten Theil der Beine für die Schiene.

Ein Jahr später (Syst. Rhyng., **1803**) stellte Fabricius ein Genus **Syrtis** auf, in welches ausser den bereits bekannten *Phymata*-Arten *crassipes*, *erosa* und *monstrosa* noch zwei neue, *carinata* und *marginata*, eingereiht wurden, beides Latreille'sche Phymaten. Ausserdem finden wir aber noch eine *serrata* angeführt, die als Coreide *(Harmostes)* gedeutet wurde, und drei Arten, *manicata*, *prehensilis* und *crassimana*, Vertreter der Gattung *Macrocephalus Swederus*, von der Fabricius noch nichts wusste, obwohl sie schon 16 Jahre früher sehr gut beschrieben worden war.

Coquebert, Illustr. Icon., **1804**, enthält nur eine sehr mittelmässige Abbildung und Beschreibung der *crassipes* als *Acanthia*.

Im XII. Vol. der Histoire naturelle (**1804**) berichtigt Latreille seine Beschreibung der Gattung *Phymata* in Bezug auf den Bau der Vorderbeine, erwähnt auch die räuberische Lebensweise. Seine *erosa* ist vielleicht bezüglich der Subspecies nicht ganz identisch mit jener Linné's, gehört aber sicher zur selben Art. Erst **1807** (Genera Crust. et Ins., III) spricht Latreille auch über *Macrocephalus* und zieht irrthümlich *manicatus* Fab. als Synonym zu *cimicoides* Swed. Bezüglich der systematischen Stellung scheint Latreille seine ursprüngliche und richtigere Ansicht aufgegeben zu haben, denn er bringt die Phymatiden jetzt doch mit *Aradus* in nähere Verbindung.

1811 gab Wolff (Icones Cimic., fasc. 5) ganz leidliche Abbildungen von *Syrtis manicata* und *prehensilis*.

Bei Lamarck (Hist. Nat., III, 1816) zeigt sich das Streben nach Verminderung der Zahl der Genera. Er vereinigt *Macrocephalus* mit *Phymata*, zieht fälschlich *cimicoides* und *manicatus* unter dem ganz überflüssigen neuen Namen *Phymata macrocephalus* zusammen und erwähnt ausserdem nur noch *crassipes* und *erosa*. *Phymata* wird zwischen *Tingis-Aradus* und *Acanthia (Salda)* eingereiht, bleibt aber doch mit den Reduviiden in derselben Gruppe »*Cimices vaginales*«.

In der Encycl. Method. (X, **1825**) trennen St. Fargeau und Serville wieder die zwei bekannten Gattungen und charakterisiren sie verhältnissmässig gut. Den bereits von Latreille erwähnten Tarsus der Vorderbeine von *Phymata* sahen sie nicht, dafür aber ein nicht existirendes drittes Glied an den Tarsen der Mittel- und Hinterbeine. Keine neuen Arten. Der Atlas zur Encyklopädie von Latreille enthält, wie mir scheint, aus Wolff copirte Abbildungen von *Ph. erosa* und *Macroc. manicatus*. Die Figur von *Ph. crassipes* scheint ein Original zu sein, ist aber elend.

Zum ersten Male finden wir eine Familie **Phymatites** bei F. L. de Laporte (Essai d'une classification systematique de l'ordre des Hémiptères, **1832**): sie steht ganz richtig unmittelbar neben den Reduviiden, von denen sie eigentlich nur durch die kurzen Fühler und starken Raubbeine unterschieden wird. Die Tarsen nennt auch Laporte dreigliedrig. Er unterscheidet *Phymata* mit langem vierten Fühlerglied (für *crassipes*), *Discomerus* n. g. mit kürzerem vierten Fühlerglied (für *erosa*, die auch abgebildet ist) und *Macrocephalus*.

The Class. Insecta by Cuvier, with supplem. additions to each order by Ed. Griffith and Ed. Pidgeon and notices of new Genera and Species by G. Gray

(London **1832**, II) enthält die Abbildung einer neuen *Syrtis* mit dem so »überaus bezeichnenden« Namen *fasciata*, wohl die verbreitete nordamerikanische Form der *Ph. erosa*.

1833 lieferte Dufour die ersten anatomischen Untersuchungen über *Phymata*, nach seiner Meinung ganz geeignet, um die nahe Verwandtschaft mit *Aradus* und *Cimex* zu bestätigen.

Herrich-Schäffer (Nomencl., **1835**) zieht den Namen *Syrtis* vor und stellt die Gattung an die Spitze seiner *Tricondylae* vor *Tingis* und *Aradus*. Ebenso nennt Hahn (Wanzenart. Ins., III, **1835**) die Gattung *Phymata Syrtis* und gibt gute Beschreibungen und Figuren von *crassipes* und *monstrosa*. Die im selben Jahre erschienene Histoire nat. von Brullé (mit Audouin) enthält *Ph. crassipes, monstrosa* und einen *Macroc. cimicoides* aus Nordamerika, Columbien und Brasilien, offenbar eine Mischart.

Auch in Burmeister's Handbuch (**1835**) werden die Phymatiden mit Aradiden und Tingididen in die Gruppe *Membranacei* gestellt. *Phymata* heisst auch hier *Syrtis*. *Macroc. crassimanus* wird fälschlich zu *manicatus* gezogen.

In Germar (Ahrens) Fauna Ins. Europ. (**1836**) finden wir eine gute Abbildung der *Ph. monstrosa* (als *Syrtis*).

Gistel führt in seiner Uebers. der Münchener Wanzen (Faunus, n. s. I, pag. 104, **1837**) ausser *crassipes* auch eine *Syrtis assimilis* und *Westerhauseri* an, ohne sie zu beschreiben — Nomina nuda.

Costa (**1838**) schliesst die Phymaten unmittelbar an die Reduviiden an, lässt dann die Tingiden folgen und beschreibt *Ph. crassipes*, Blanchard dagegen (Hist. Nat., III, **1840**) stellt sie zwischen *Aradus-Tingis* und die Coreiden; er beschreibt *Phymata crassipes* und *monstrosa* und einen *Macroc. cimicoides* — wie bei Brullé eine Mischart. Ebenso stellt Spinola (**1840**) die Phymaten zwischen *Aradus* und *Coreus* und wundert sich darüber, dass Dufour den Tarsus der Vorderbeine nicht gesehen hat.

Rambur (Faune Andalus., II, **1842**) nennt die Gattung *Phymata* wieder *Syrtis* und die Gruppe folgerichtig *Syrtides*.

Guérin's Iconographie du R. anim. (**1843**) enthält eine neue *Macrocephalus*-Art, *affinis*, und Abbildungen der Fühler von *Ph. crassipes* und *erosa*.

Im selben Jahre hebt Dufour (Ann. Sc. Nat., 2, ser. XIX, pag. 163) die Uebereinstimmung der »Vaisseaux hépatiques« von *Phymata* mit jenen von *Reduvius* hervor.

Eine kleine Arbeit Westwood's im dritten Bande der Trans. Ent. Soc. London (**1843**) brachte endlich einen grossen Fortschritt in der Kenntniss der Phymatiden: Observations upon the Hemipterous Insects composing the Genus *Syrtis* of Fabricius, or the Family *Phymatites* of Laporte, with a Monograph of the Genus *Macrocephalus*. Read October 2, 1837. Es ist merkwürdig, dass auch die scharfen Augen Westwood's nichts von einem Vordertarsus sahen. Von *Phymata*-Arten werden die zwei bekannten *crassipes* und *erosa* und eine neue, *integra*, beschrieben. In der Gattung *Macrocephalus* finden wir *cimicoides* Swed., *notatus* n. sp., *tuberosus* n. sp., *obscurus* n. sp., *pulchellus* n. sp., *leucographus* n. sp., *crassimanus* Fabr., *affinis* Guérin, *prehensilis* Fabr., *pallidus* n. sp. und *macilentus* n. sp., ferner ein neues Subgenus *Oxythyreus* mit *cylindricornis* n. sp. Im Anschlusse folgt eine zweite kleine Arbeit: Description of a new Subgenus of Exotic Hemipterous Insects (Read 6. Nov. 1837), in welcher ein zweites Subgenus, *Amblythyreus*, mit *rhombiventris, quadratus* und *angustus* n. sp. aufgestellt wird. *Macroc. manicatus* Fabr. wird als fragliches Synonym zu *cimicoides* gestellt. *Manicatus* Wolff hält Westwood für verschieden von der gleichnamigen

Art Fabricius' und vermuthet, es sei vielleicht dasselbe wie Guérin's *affinis*, was aber sicher nicht der Fall ist. *Macroc. obscurus* halte ich für identisch mit *tuberosus*, *pallidus* mit *prehensilis*.

Fast gleichzeitig mit Westwood's Arbeit erschien Amyot und Serville's Hist. nat. (1843), doch sind darin schon die von jenem aufgestellten Subgenera *Oxythyreus* und *Amblythyreus* zu Gattungen erhoben, die mit *Macrocephalus* zusammen die Gruppe *Macrocephalides* bilden, im Gegensatze zur Gruppe *Phymatides* mit *Phymata*. Beide Gruppen bilden die Familie *Spissipedes*, die erste Tribus der *Ductirostres*, zu welchen auch Tingididen und Aradiden, aber nicht die Reduviiden gehören sollen. Was Amyot und Serville *Macroc. crassimanus* nennen, ist *affinis* Guérin.

Eine neue sehr auffallende *Phymata*-Art ist im VII. Bande der Wanzenart. Ins. (1844) abgebildet und beschrieben; Herrich-Schäffer nennt sie *fortificata* und bildet gleichzeitig die verbreitete nordamerikanische Form *(fasciata)* der *erosa* ab.

Spinola stellt in der Tav. sinott. (pag. 27, 1850) die Familie *Phymatidae* in seine Gruppe *Tritomognatha*, zwischen Aradiden und Reduviiden und zieht irrthümlich *Discomerus* als Synonym zu *Macrocephalus*.

In der schönen Histoire de Chile von Gay (1852) bringt Blanchard eine Beschreibung der Gattung *Phymata* mit der Art *carinata* Fabr. (*erosa* subsp. *chilensis* nob.).

Einiges Neue bringt Guérin in Sagra's Histoire de Cuba (1857), und zwar *Syrtis (Macrocephalus) rugosipes* n. sp., *S. (Macroc.) Westwoodii* n. sp., *S. (Macroc.) pulchella* Westw. (nach Westwood), *S. (Phymata) erosa* (= *acutangula* Stål = *erosa* subsp. *Guerini* nob.), *S. (Phym.) emarginata* n. sp. und *S. (Phym.) acutangula* n. sp. (später von Stål unter drei neuen Namen beschrieben).

Dohrn's Katalog (1859) enthält eine Aufzählung der bis dahin bekannten Arten, einschliesslich der *Phymata* 'serrata' Fabr., die gar nicht zu den Phymaten gehört. *Macroc. rugosipes* wird fälschlich *tuberculipes* genannt.

Ein Jahr später beschäftigte sich Stål zum ersten Male mit Phymatiden (Rio Jan. Hem.). Er reiht sie als *Spissipedes* unmittelbar an die Capsiden und lässt dann Tingididen, Aradiden und endlich die Reduviiden folgen. In diesem Werke sind folgende Arten enthalten: *Phym. fasciata* n. sp. (nec *fasciata* Gray), eine Subspecies der *erosa* L., *Phym. longiceps* n. sp., *simulans* n. sp. und *acuta* n. sp., alle drei nur Varietäten einer Art und identisch mit *acutangula* Guér., endlich noch *Phym. Swederi* n. sp.

Im ersten Bande der Rhynchoten Livlands (1860) stellt Flor eine neue *Phymata*-Art aus Südeuropa auf und nennt sie *coarctata* — nichts als eine Varietät von *crassipes*. Dieser Autor stellt die Phymaten (Spissipeden) zwischen Aradiden und Capsiden; seine Charakteristik ist scharf und ausführlich, enthält aber bezüglich des Beinbaues einen neuen Irrthum, denn er hält das auf den verdickten Schenkel folgende Glied für eine Vereinigung von Schiene und Tarsus. Fieber (1861) stellt die Familie *Phymatidae* zwischen Hydrometriden und *Tingis-Aradus*, weit weg von den Reduviiden; er unterscheidet in der Tabelle der Genera *Phymata*, *Mecodactylus* (= *Amblythyreus* Westw.), *Carcinochelis* n. g. (ohne Art) und *Macrocephalus*.

Ein Jahr später beschrieb Stål (Hem. Mexic. Stettin. Ent. Zeit., XXIII) wieder mehrere neue Arten: *Phymata annulipes*, *Macrocephalus incisus*, *cliens* (beide = *notatus* Westw.), *lepidus* und *Falleni*. 1863 publicirte Signoret (Ann. Soc. Ent. Fr., 4, sér. III) zwei neue *Phymata*-Arten aus Chile — *nervoso-punctata* und *elongata* — ♂ und ♀ ein und derselben Art.

Fieber hält Flor's *Phym. coarctata* (Wien. Ent. Monatschr., 1863) für eine gute Art. 1865 gab G. Mayr (Verh. zool.-bot. Ges. Wien, XV) Diagnosen zweier n. sp. aus

Brasilien. *Phym. spinosissima* und *carneipes*, von denen erstere eine gute Art ist und **1866** im Novarawerke ausführlich beschrieben und abgebildet wurde. *Carneipes* ist eine Form der *erosa*.

Die Hemiptera Fabriciana von Stål (I, **1868**) enthalten Beschreibungen der *Phym. carinata* und *marginata* und des *Macroc. crassimanus* nach Typen. *Syrt. manicata* wird fälschlich mit *cimicoides* Swed. vereinigt, *pallidus* Westw. richtig mit *prehensilis* Fabr.

In Schiödte's geistvoller Arbeit über Morphologie und Classification der Rhynchoten (Naturh. Tidsskrift, s. 3, VI, **1869**) wird zum ersten Male ernstlich auf die nahen Beziehungen zwischen Reduviiden und Phymaten hingewiesen, während die Aradiden und Tingididen, mit denen die Phymatiden meist zusammengestellt worden waren, in die Nähe der Coreiden gebracht werden. Nach unseren heutigen Anschauungen ist Schiödte durch Vereinigung der Phymatiden und Reduviiden in eine Familie freilich etwas zu weit gegangen.

1870 beschrieb Scott (Stett. Ent. Zeit., XXXI) zwei neue *Phymata*-Arten aus Neuseeland (!), gewiss ein sehr interessantes Factum, wenn sie wirklich aus Neuseeland sind.

In seinem Kataloge des Britisch-Museum (**1873**) stellt Walker die *Spissipedes* wieder in die Gruppe *Ductirostra* neben *Membranacea*, *Corticicola* und *Lecticola*. *Phymatidae* und *Macrocephalidae* werden getrennt, erstere mit der Gattung *Phymata*, letztere mit *Macrocephalus*, *Oxythyreus* und *Amblythyreus*. Auch *Mecodactylus* Fieb. und *Carcinochelis* sind erwähnt. Glücklicherweise beschrieb Walker **keine** neue Art. Synonymie und Geographie sind ganz kritiklos complicirt, und *Phym. fortificata* wird ·als *Macrocephalus* angeführt.

1876 erschien Stål's Hauptwerk, die Enumeratio Hemipterorum (V). Wir finden hier wieder die zwei Gruppen *Phymatina* und *Macrocephalina* getrennt. Erstere Gruppe enthält ausser *Phymata* noch eine neue, auf Signoret's zwei chilenische Arten gegründete, aber nicht berechtigte Gattung *Anthylla*. Von Macrocephalinen werden nur *Amblythyreus* und *Macrocephalus* charakterisirt, *Oxythyreus* und *Carcinochelis* nur angeführt. *Phymata* wird in zwei Gruppen getheilt: Pronoto utrimque prope margines laterales longitrorsum obtuse elevato — *Phymata* — und: Pronoto utrimque prope margines laterales elevatione longitudinali destituto; species americanae — *Syrtis* Fabr. = *Discomerus* Lap. Diese Eintheilung ist in mehreren Punkten verunglückt, denn 1. erweist sich der angegebene Unterschied bei Untersuchung einer grösseren Formenzahl als hinfällig, 2. gibt es auch amerikanische Arten, die in die erste Abtheilung passen, und 3. ist *Syrtis* nicht = *Discomerus*, sondern = *Phymatidae*. Unter *Phymata* werden angeführt: *crassipes* F., *coarctata* Flor (= *crassipes* var.), *monstrosa* Fabr., *annulipes* Stål, *marginata* Fabr., *emarginata* Guér., *fortificata* H.-S., *erosa* L., *erosa* H.-S. (: = *erosa* subsp. *fasciata* Gray), *carinata* Fabr. (= *erosa* subsp.), *erosa* Guér. (= *erosa* subsp. *Guérini*), *acutangula* Guér. (nec spec. *Guérini!* = *erosa* Guér. = subsp. *Guérini* m.), *Wolffii* Stål (= *erosa* subsp. *fasciata*, *pensylvanica* et *granulosa* nob.), *breviceps* Stål (= *erosa* subsp. *carneipes* Mayr), *longiceps* Stål, *acuta* Stål, *simulans* Stål (alle drei = *acutangula* Guér. nob.), *Swederi* Stål, *integra* Westw., *carneipes* Mayr (= *erosa* subsp.), *spinosissima* Mayr. Von *Macrocephalus* werden folgende Arten unterschieden: *cimicoides* (mit dem falschen Synonym *manicatus* F.), *notatus* Westw., *tuberosus* Westw., *obscurus* Westw. (= *tuberosus*), *incisus* Stål (mit *cliens* als Synonym = *notatus*), *lepidus* Stål, *prehensilis* Stål, *Falleni* Stål, *asper* n. sp., *affinis* Guér., *rugosipes* Guér., *pulchellus* Westw., *leucographus* Westw.. *crassimanus*

12*

Fabr., *macilentus* Westw., *Westwoodi* Guér. (die letzten fünf unter dem Strich). Zum Schlusse werden die zwei neuseeländischen Arten Scott's als »*Syrtis*« angeführt — warum nicht als *Phymata*? Auch Stål hat nicht bemerkt, dass *Phymata* einen Vordertarsus hat und *Macrocephalus* keinen.

Die von Puton im zweiten Bande seiner Synopsis (1879) verfasste Familiencharakteristik passt nur auf die zwei europäischen *Phymata*-Arten, die ihm bekannt waren. *Coarctata* stellt Puton richtig als Varietät zu *crassipes*, hebt hervor, dass Beziehungen zu den Reduviiden vorhanden seien, stellt die Phymatiden aber trotzdem noch zwischen Tingididen und Aradiden.

Berg (Hem. Argent., 1879) unterscheidet *Phym. carinata* und *fasciata* — beides Formen der *erosa* L.

In einem kleinen Artikel (Another Bee enemy. Canad. Entom., XI, pag. 17, 1879) gab J. Cook nebst einigen Angaben über die Lebensweise von *Ph. erosa* (wohl subsp. *fasciata*) auch eine Beschreibung und Abbildung. Die Coxe der Vorderbeine hält er für den Femur, den Trochanter für die Tibie, den Femur für den Tarsus und die Tibie für die Klaue!

1887 gab Lintner (40th Rep. N. Y. State Mus.) ein Resumé der zahlreichen biologischen Notizen über *Phym. erosa* (subsp. *fasciata*), welche in der nordamerikanischen Literatur enthalten sind. Ich habe sie hier nicht speciell angeführt, weil sie ja ohnedies später zur Besprechung gelangen werden.

Reuter's Revisio synonymica (1888) bringt die alte Synonymie von *Phym. crassipes* und *monstrosa* in Ordnung. 1892 nimmt Bergroth (Rev. d'Ent., XI) den Namen *fasciata* Gray für *Wolffii* Stål an und stellt *fasciata* Stål in die Synonymie von *erosa* L. 1893 brachte Hüeber (Fauna Germ., III) eine ganz unkritische Compilation der in der Literatur vorhandenen Angaben über Vorkommen, Lebensweise und Verbreitung der zwei europäischen Arten. 1894 beschrieb Uhler (Proc. Zool. Soc. Lond.) eine neue Art aus Amerika.

Der Katalog von Lethierry und Severin (III, 1896) hält sich hauptsächlich an Stål's Enumeratio und Reuter's Revisio; für *Phym. erosa* wird der Name *Guérini* eingeführt (= subsp. von *erosa* L.), bei *Carcinochelis* der nie publicirte Artname *alutaceus* Fieber angegeben. Auch hier stehen die Phymatiden noch zwischen den Tingididen und Aradiden.

Anfangs 1897 erschienen fast gleichzeitig zwei kleine Arbeiten von D. Sharp (Ent. Monthly Mag.) und von mir (Verh. k. k. zool.-bot. Ges.), in denen ganz unabhängig, ohne dass einer von dem andern etwas wusste, ein und dieselbe Art beschrieben wurde. Sharp nannte sie *Carcinochelis Binghami*, während ich ein neues Genus *Carcinocoris* gründete und die Art *erinaceus* taufte (Sharp hat acht Tage Priorität). Eine zweite Art derselben Gattung nannte ich *Castetsi*.

Durch alle diese Arbeiten sind im Ganzen 6 Genera mit 36 Arten festgestellt worden; dazu kommen nun noch 3 neue Gattungen und 29 neue Arten, welche ich beschreibe, endlich noch 8 neue Arten, die Herr Champion in der Biologia centrali americana beschreiben wird. Die Zahl der Arten hat sich also verdoppelt, und ich bin überzeugt, dass sie in verhältnissmässig kurzer Zeit noch bedeutend zunehmen wird. Monographien haben immer diese Wirkung.

Zum Schlusse sei erwähnt, dass bei der Untersuchung und Beschreibung des Materiales ausser einer zusammengesetzten Lupe mit 16 facher Vergrösserung auch Mikroskope und ein Zeichenapparat (Camera lucida) in Anwendung kamen, ferner dass die angegebenen Masse und Verhältnisse wirklich gemessen und nicht nur abgeschätzt sind. Zahlreiche neue Merkmale wurden bei den Beschreibungen benützt, alle Synonymien genau nachgeprüft und die Verbreitung der Arten an der Hand des reichen Materiales möglichst genau festgestellt. Im Ganzen habe ich über 1500 Exemplare untersucht, von der Mehrzahl derselben einzelne Theile mit der Camera gezeichnet und gemessen, um die Grenzen der Variabilität feststellen und dadurch die Arten schärfer begrenzen zu können. Möge meine Arbeit den angestrebten Zweck erfüllen und eine sichere Basis zu weiteren Forschungen bieten.

Beschreibung der Familie.

Morphologie.

Die Phymatiden sind meist kräftig gebaute, mittelgrosse Wanzen. Ihr Kopf ist mehr oder minder langgestreckt, an den Seiten flach oder gerundet, nie schneidig erweitert. Der Tylus tritt nicht besonders deutlich hervor, die Stirne ist entweder vor der Fühlerbasis abgeschnitten, oder sie sendet einen Fortsatz aus, der die Fühlerbasis überragt. An der Unterseite des Kopfes ist immer eine Rinne vorhanden zur Aufnahme des Rüssels. Genae und Juga schliessen vorn meist ganz eng aneinander und verdecken die Basis des Rüssels, dessen erstes Glied rudimentär geworden und welcher daher als nur dreigliedrig angesprochen wird. Auch die kleine, schmal dreieckige Oberlippe ist meist ganz verborgen. Der Rüssel ist ein kräftiger vorstreckbarer Raubrüssel mit scharfem kurzen Endglied und reicht bis unter die Vorderbrust. Bucculae stets gut entwickelt. Ocellen deutlich, Facettaugen gut ausgebildet, immer an den Seiten des Kopfes liegend.

Die Fühler sind immer am Vorderrande des Kopfes, vor den Augen ganz nahe bei einander in einer Vertiefung inserirt, ihr erstes Glied ist dicker und von anderer Form als die zwei folgenden, das vierte oder Endglied immer auffallend, keulen- oder walzenförmig, viel grösser als jedes der zwei vorhergehenden. Die Fühler werden in der Ruhe entweder nach der Seite oder nach unten gelegt und meist in eigene Rinnen des Kopfes und Thorax eingebettet.

Prothorax frei, mit dem Mesothorax nicht fest verwachsen. Pronotum stark entwickelt, in der Grundform meist deutlich trapezförmig, mit zwei meist sehr starken Längskielen. Scutellum stets gut entwickelt, frei nach hinten über das Metanotum hinausragend und oft mächtig entwickelt, so dass es dann wie bei Scutelleriden den grössten Theil der Flügel bedeckt. Die Vorderbrust ist in der Mitte rinnenartig vertieft, und die Ecken der Pleuren ragen meist vor, um das in der Rinne liegende Ende des Rüssels von der Seite einzuschliessen. Meso- und Metapleuren sind gut geschieden, letztere werden von ersteren nicht überragt und bedecken nicht die Basis des ersten Segmentes. Mesosternum mit einem Mittelkiel und daneben concav zur Aufnahme der Vorderhüften. Aehnlich verhält sich das kleinere Metasternum den Mittelhüften gegenüber. Die Vorderbeine sind am Endrande der Vorderbrust inserirt und stecken in nach hinten offenen Pfannen. Mittel- und Hinterbeine sind nicht weit voneinander inserirt und nach allen Seiten frei beweglich (*Trochalopoda* nach Schiödte). Ausführungsgang einer Duftdrüsse nicht zu bemerken. Erstes Stigmenpaar von dem Rande des Prothorax bedeckt, zweites Paar im entwickelten Stadium meist undeutlich, zwischen Meso- und Metapleuren gelegen.

Die Vorderbeine sind stets zu typischen Raubbeinen umgewandelt, leicht vor-
streckbar, ihre Hüften immer viel länger als breit, der Trochanter stark entwickelt und
am auffallendsten der Schenkel. Die gebogene, unten fein gezähnte Tibie schliesst entweder zurückgeschlagen (wie bei *Mantis* etc.) eng an die untere fein gezähnte Kante
des Schenkels oder an einen am distalen Ende desselben stehenden Fortsatz, wie der
bewegliche Finger einer Krebsscheere an den unbeweglichen. An der gezähnten Kante
des Schenkels und der Schiene sind meist auch einfache oder kolbenförmige Tast-
borsten zu sehen. Bei *Phymata* ist an der Aussenseite der Tibie vor ihrem Ende eine

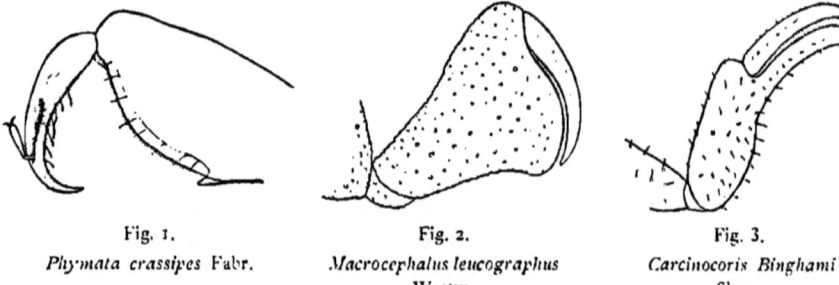

Fig. 1.

Phymata crassipes Fabr.

Fig. 2.

Macrocephalus leucographus
Westw.

Fig. 3.

Carcinocoris Binghami
Sharp.

rinnenartige Vertiefung, in welche sich ein zurückschlagbarer Tarsus mit kurzem ersten
und längerem zweiten Gliede einlegt. Mittel- und Hinterbeine sind normale Schreit-
beine, ihre Hüften, wie erwähnt, nach allen Seiten beweglich, also coxae rotatoriae
nach Schiödte. Schenkel und Schienen sind meist kurz und gedrungen, letztere
aussen mit zwei undeutlichen Kanten, respective einer Längsrinne. Unten sind sie vor
dem Ende mit einem Haarpolster versehen. Tarsen mit kurzem ersten und langem
zweiten oder Klauengliede. Klauen einfach, Pulvillen nicht deutlich. Bei der Reduction
der Gliederzahl ist jedenfalls das erste Glied rudimentär geworden, das scheinbar erste
also eigentlich das zweite.

Die Vorder- und Hinterflügel sind immer vollkommen entwickelt: brachy-
ptere oder aptere Formen sind bis jetzt nicht bekannt. Corium, Membran und Clavus
der Vorderflügel sind stets gut geschieden, weder Cuneus noch Embolium sind ent-

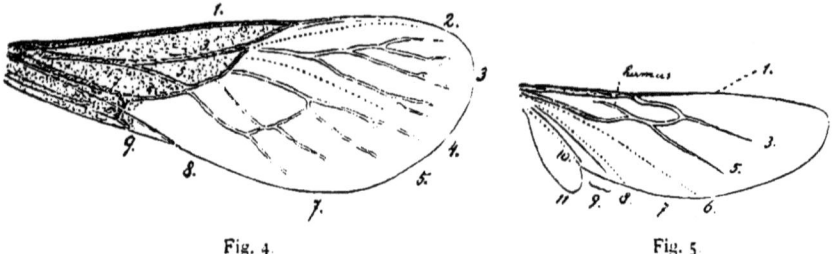

Fig. 4

Vorderflügel von *Phymata crassipes*.

Fig. 5

Hinterflügel von *Phymata crassipes*.

Die geraden Zahlen bezeichnen Concav-, die ungeraden Convexadern.

wickelt. Im Corium verlaufen vier Längsadern, von denen die zwei mittleren mehr
oder minder weit miteinander verschmolzen sind; im Clavus verläuft nur eine Längsader. In der Membran sind immer mehrere Convexadern erhalten; sie sind oft ver-

zweigt und die Aeste wieder manchmal durch Queradern verbunden. Constant sind auch einige Concavadern zu sehen. An den Hinterflügeln ist das Geäder ziemlich einförmig, ein Hamus ist meist entwickelt, ebenso der Anallappen. Die Zahl der zwischen den Concavadern verlaufenden Convexadern ist bei den einzelnen Gattungen verschieden. Nach Redtenbacher wären die Adern in vorstehender Weise zu bezeichnen.

Der Hinterleib ist immer stark entwickelt, oben flach oder concav, von sehr verschiedenartigem Umriss. Die Connexiva meist mächtig entwickelt, oft ausgebuchtet oder gezackt. Die Stigmen sind an den Seiten der ersten sechs Ventralplatten gut sichtbar und liegen nahe an der Grenze der Connexiva. Der Genitalapparat ist vollkommen auf die ventrale Seite gerückt. Im männlichen Geschlechte schliesst das sechste mächtig entwickelte Segment die Oberseite des Hinterleibes ab. Unterseits tritt gleichfalls das sechste Segment auffallend hervor. Sowohl die dorsale als ventrale Platte des siebenten Segmentes ist sehr reducirt, vollkommen in das sechste Segment eingezogen; sie bilden einen Ring um das achte Segment, dessen Ventralplatte als halb eiförmige Kapsel die folgenden Genitalsegmente einschliesst. Im weiblichen Geschlechte liegt das siebente Dorsalsegment an der Oberseite des Hinterleibes, es ist gut entwickelt, die entsprechende Ventralplatte bis zum Grunde getheilt. Die

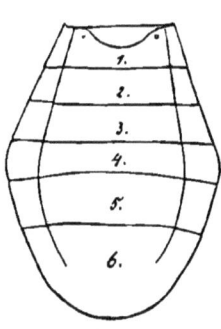

Fig. 6.
Oberseite des Hinterleibes
von *Phymata crassipes* ♂.

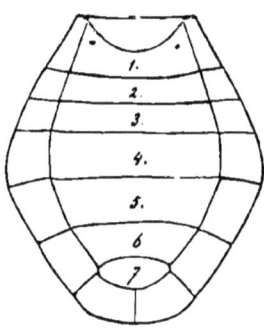

Fig. 8.
Oberseite des Hinterleibes
von *Phymata crassipes* ♀.

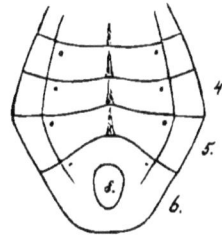

Fig. 7.
Unterseite des Hinterleibes
von *Phymata crassipes* ♂.

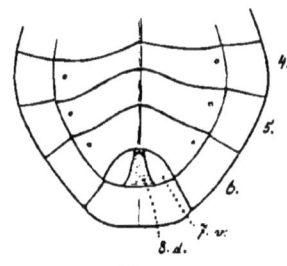

Fig. 9.
Unterseite des Hinterleibes
von *Phymata crassipes* ♀.

achte Dorsalplatte ist ganz auf die Ventralseite umgeschlagen, fast dreieckig und schliesst sich eng in den Ausschnitt der siebenten Ventralplatte. Die achte Ventralplatte ist gleichfalls gespalten, ragt aber für gewöhnlich nur sehr wenig am Grunde des Ausschnittes der siebenten hervor, oft wird sie ganz zurückgezogen.

Die Sculptur des Körpers bietet verhältnissmässig wenig Abwechslung; fast allgemein treten kleine Wärzchen oder Körnchen auf, die manchmal auch Börstchen tragen; seltener sind grössere dornartige borstentragende Fortsätze, welche den betreffenden Arten ein stacheliges Aussehen verleihen. Anliegende Behaarung — Toment — scheint nicht vorzukommen. Auch in der Färbung herrscht keine grosse Mannigfaltigkeit. Matte, gelbliche, grünliche oder bräunliche Töne herrschen vor, mit dunkelbraunen oder schwarzen Zeichnungen; grelle, bunte Farben oder Metallglanz kommen bei den bis jetzt bekannten Formen nicht vor.

Anatomie.

Die einzigen anatomischen Untersuchungen über *Phymata* verdanken wir Léon Dufour (1833—1843). Er schreibt in den Recherches anatom. (1833) Folgendes: »J'observai que l'organisation viscérale de la Phymate, celle surtout de son appareil salivaire, confirment pleinement la place assignée à ce genre par Latreille à la suite des *Miris* et à la tête des *Acanthia* primitifs de Fabricius. Ces caractères anatomiques, et l'existence de deux articles seulement aux tarses, fournissent des raisons légitimes d'ériger en une famille distincte les genres *Phymata, Tingis, Aradus* et *Cimex.*« Aus allen speciellen weiter unten wiedergegebenen Angaben Dufour's ist jedoch ersichtlich, dass gar kein wesentlicher Unterschied zwischen *Phymata* und *Reduvius* besteht; auch die Abbildungen Dufour's (Tab. 4, Fig. 34 et 48) bestätigen das, und es ergeben sich viel grössere Differenzen zwischen *Phymata* einerseits und *Aradus, Cimex* oder *Miris* anderseits. Dufour war offenbar durch eine vorgefasste Meinung befangen und fand deshalb die grösste Uebereinstimmung dort, wo sie nicht ist.

Die Speicheldrüsen von *Phymata* zeigen (nach Dufour) viel Analogie mit jenen von *Miris*; es sind deren jederseits zwei vorhanden. Die Hauptdrüse ist länglich,

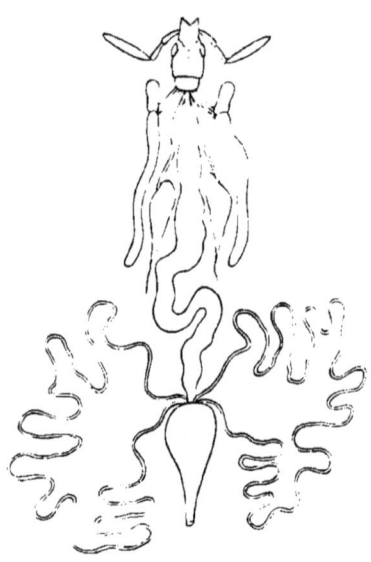

Fig. 10.

Verdauungsapparat von *Phymata crassipes* nach Dufour.

cylindrisch, dünn wie ein Faden; ihr Vorderlappen kurz und stumpf, der hintere dagegen sehr lang. Die beiden Ausführungsgänge sind, abweichend von der Regel, einander gleich und auffallend kurz. Die zweite Drüse — die supplementäre — hat das Aussehen einer kegelförmigen Blase; sie hängt durch ein Tracheennetz mit dem stumpfen Ende an dem Magen; ihr Ausführungsgang ist ganz einfach, entspringt seitlich vor dem Vorderende und geht direct zum Kopf.

Der Fettkörper besteht nur aus einer geringen Zahl opalisirender Körnchen (bei *Reduvius* aus einer grossen Zahl).

Der männliche Genitalapparat »bestätigt wieder die Zusammengehörigkeit mit *Aradus* und *Cimex*«. (Bei *Reduvius* ist er aber auch ähnlich!)

Der weibliche Genitalapparat »ist sehr verschieden von jenem der *Miris, Capsus* und *Aradus*«.

Bezüglich des Tracheensystems sagt Dufour, man finde bei *Phymata* (ebenso wie bei *Miris, Cimex, Aradus* und *Reduvius* etc.) weder im Thorax, noch im Abdomen irgend eine Spur von Luftsäcken; alle Tracheen seien röhrenförmig, elastisch, fein und in geringer Zahl vorhanden. *Phymata* ist Dufour geruchlos erschienen.

Die Malpighi'schen Gefässe — vier an der Zahl — sind ganz nahe beim Rectum inserirt, münden nicht in eine Blase »absolument comme dans les véritables Reduvites«.

Warum sollen also die Phymatiden nicht in die Nähe der Reduviiden, sondern in die Verwandtschaftsgruppe von *Aradus, Miris, Cimex* etc. gehören? Speicheldrüsen,

Darm, Tracheen, Malpighi'sche Gefässe und Genitalien sind wie bei Reduviiden und fast alle diese Theile anders als bei *Cimex, Aradus, Miris.*[1])

Ei und postembryonale Entwicklung.

Aus dem Abdomen einer *Phymata crassipes* habe ich drei fertig entwickelte Eier herauspräparirt. Dieselben sind circa 1·3 Mm. lang und ungefähr halb so breit, hartschalig. In der Grundform sind sie fast krugförmig, mit flachem, schief aufsitzendem Deckel. Ihr Querschnitt ist elliptisch, die dunkelbraune harte Schale durchaus ausserordentlich fein und gleichmässig grubig punktirt.

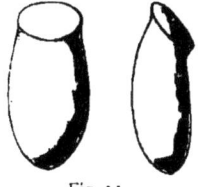

Unter dem mir zur Bearbeitung vorliegenden Material fand sich eine Anzahl Larven von *Phymata crassipes* in verschiedenen Stadien, *monstrosa, erosa, fortificata, acutangula, Macrocephalus* sp. und *Glossopelta acuta*.

Die Larven haben noch keine Ocellen. Die Zahl der Fühlerglieder, ebenso die der Tarsenglieder stimmt mit jener der Imagines überein. Die Vorderbeine sind bereits in den ersten

Fig. 11.

Ei von *Phymata crassipes.*

Stadien, in denen noch keine Flügelscheiden angelegt sind, ähnlich wie bei den Erwachsenen, d. h. bei *Phymata* mit einem Tarsus, bei *Macrocephalus* und *Glossopelta*

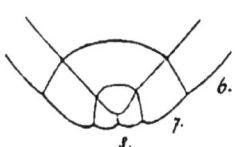

Fig. 12.
Hinterende einer jüngeren *Phymata crassipes*-Larve von oben.

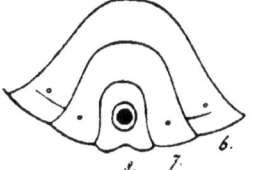

Fig. 13.
Hinterende einer jüngeren *Phymata crassipes*-Larve von unten.

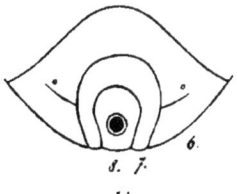

Fig. 14.
Hintertheil einer älteren männlichen Larve der *Phymata crassipes* von unten.

ohne Tarsus. Desgleichen stimmt der Thorax im Bau ziemlich gut mit jenem der Imagines überein, nur sind die Stigmen am Hinterrande des Pro- und Mesothorax sehr deutlich; die Thoracalsegmente sind gut geschieden und nicht weiter differenzirt als bei den Erwachsenen. Die Ränder des Prothorax sind noch nicht über den Mesothorax geschoben, und das erste Stigmenpaar ist daher noch nicht verdeckt.

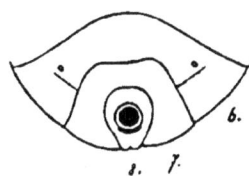

Fig. 15.
Hintertheil einer älteren weiblichen Larve der *Phymata crassipes* von unten.

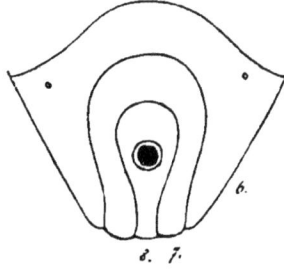

Fig. 16.
Glossopelta acuta-Larve ♂ ältere Form.

In den Stadien ohne Flügelscheiden konnte ich noch keinen Geschlechtsunterschied constatiren, vielleicht weil mir zu wenig Material vorliegt; in den späteren Entwick-

---

[1]) Siehe das Capitel über die systematische Stellung.

lungsstadien dagegen sind die Geschlechter schon gut zu unterscheiden. Die siebente und achte Ventralplatte nehmen bei ♂ und ♀ verschiedene Formen an, und gleichzeitig beginnt — als secundärer Geschlechtscharakter — der Unterschied in der Länge des letzten Fühlergliedes sich geltend zu machen. Bei den jüngeren Exemplaren von *Phymata crassipes* ist auf dem siebenten Segmente das Stigma noch deutlich erhalten, bei den älteren dagegen sehe ich es nicht mehr.

Die Larve von *Glossopelta acuta* zeigt, trotzdem sie schon der letzten Häutung entgegengeht, an der Unterseite des Kopfes noch keine Fühlerrinne und stimmt dadurch mit der Imago von *Agreuocoris* überein.

Bei allen Larven sind die Segmente 7 und 8 auf der Dorsal- und Ventralseite gleichmässig entwickelt; die achte Ventralplatte trägt den Anus.

Lebensweise und geographische Verbreitung.

Nur über zwei *Phymata*-Arten finden sich in der Literatur biologische Angaben, es sind dies *Ph. crassipes* F. und die nordamerikanische Form der *Ph. erosa* L. Ausser den schon früher erwähnten wenigen älteren Publicationen von Brahm, Füsslin, Latreille sind noch folgende zu erwähnen:

Biró L., Rov. Lapok, I, 1884, pag. 141.

Lintner, 40th Rep. N. Y. State Mus. Nat. Hist., pag. 107, 1887.

Walsh, Amer. Entom., I, pag. 141, 1868.

Walsh, Amer. Entom., II, pag. 25, 1870.

Sanborn et Packard, Amer. Nat., I, pag. 329, 1867.

Glover, Manuscr. Notes on the Hemiptera, 1876.

Chittenden, Insect Life, V, pag. 182, 1893.

Riley, Rep. Dep. Agric., pag. 113, 1883.

Cook, Canad. Ent., XI, pag. 17, 1879.

Barnard, Proc. Amer. Assoc., 1880.

Aus all' diesen Publicationen geht hervor, dass die beobachteten Arten und wohl auch alle anderen vom Raube leben. Sie ergreifen mit ihren Fangbeinen allerlei Insecten und saugen sie aus. In Bezug auf die Art der Opfer scheinen sie nicht sehr wählerisch zu sein; unsere *crassipes* fängt ausser kleinen Hymenopteren (*Holopyga gloriosa*, Apiden), Käfern und Aphiden auch, wie ich selbst gesehen, Tenthredinidenlarven; die amerikanische *erosa* wurde gleichfalls mit sehr verschiedenartiger Speise angetroffen: kleine Coleopteren *(Anthonomus signatus)*, Bienen und Wespen, sogar Honigbienen, Schmetterlinge *(Chrysophanus Americanus, Pieris rapae)* und Aphiden — also genug Abwechslung.

Es folgt schon aus dieser geringen Specialisirung in der Wahl der Nahrung, dass die Phymaten auch nicht an einen bestimmten Aufenthalt gebunden sind; man trifft sie im Gras, auf allerlei Gebüsch, in Blattachseln und in Blüthen. *Ph. erosa* hält sich mit Vorliebe in den gelben Blüthen einer Sonnenblume auf, denen sie in Bezug auf die Farbe angepasst ist und welche des Honigs wegen von allerlei Insecten besucht wird. Durch Gestalt und Farbe sind die Phymaten gewissen Pflanzentheilen, dürren Blättchen, Knospen etc. sehr gut angepasst; sie können sowohl Fühler als Beine dicht an den Körper anlegen und stellen sich, wenn 'sie erschreckt werden, sofort todt. Ihre Bewegungen sind bei Tage langsam, träge; vielleicht sind die Phymaten, wie viele Raubinsecten, des Nachts lebhafter.

Ich fand *crassipes* immer nur im Sommer; Larven und Erwachsene zugleich. Duda fand sie im Frühjahre unter Laub, also wohl überwinterte Exemplare.

Die meisten Phymatidenarten, besonders die systematisch mehr isolirt stehenden Formen, scheinen local und selten zu sein, manche dagegen, und gerade die häufigeren und variableren Formen, sehr weit verbreitet. Die Arten mit geringer Verbreitung können entweder sehr alte, im Aussterben begriffene Formen sein — die systematisch isolirten — oder erst in jüngerer Zeit abgetrennte Seitenglieder einer grösseren variablen Art; in diesem Falle sind sie systematisch nicht isolirt. Als Beispiel für systematisch isolirte locale Arten kann *Ph. (Anthylla) nervoso-punctata* St. (Chile) dienen, als Beispiel für systematisch nicht isolirte, locale Arten *Ph. emarginata* Guér., *marginata* F., *angulata* Uhl. (alle von den Antillen) oder *annulipes* St., *laciniata* m. etc. Nicht isolirte locale Arten sind entweder mit einer weit verbreiteten variablen Art nahe verwandt, oder es bildet eine Anzahl derselben eine Verwandtschaftsgruppe. Als Beispiel für den ersteren Fall kann *erosa* L. (ganz Amerika) und *maculipennis* m. (Brasilien) gelten, als Beispiel für den zweiten Fall die Gruppe von *Ph. emarginata* Guér., *Ph. annulipes* St. oder von *Macroc. cimicoides* Swederus. Eine solche Gruppe entspricht im Umfang einer grossen, weit verbreiteten variablen Art und unterscheidet sich nur dadurch, dass bei ihr die einzelnen Glieder nicht mehr durch Zwischenformen verbunden werden, während bei der grossen Art zwischen den Subspecies noch intermediäre Formen bekannt sind. Das Prototyp einer solchen grossen Art ist *Ph. erosa* L. s. l.

Ob aber die einzelnen Arten einer Gruppe als phylogenetisch älter anzusehen sind wie die Subspecies einer grossen Art, lässt sich schwer sagen, weil man kein Urtheil darüber hat, wie rasch sich der Process der Isolirung, respective das Aussterben der Zwischenformen vollzieht, und ob er in allen Fällen gleich rasch vor sich geht. Bei dem vollständigen Mangel fossiler Formen ist es in dieser Gruppe überhaupt sehr schwierig, das Alter von Arten und Gattungen zu beurtheilen.

Die Gattung *Phymata* ist über die paläarktische, nearktische und neotropische Region verbreitet. Erstgenannte Region beherbergt eine fast über ihr ganzes Gebiet verbreitete Art *(erosa)* und eine ausschliesslich mediterrane *(Ph. monstrosa)*. Beide Arten gehören in eine Gruppe, deren dritte Art in Nordamerika vorkommt. Das Gros der *Phymata*-Arten (23) ist in Amerika zu Hause, 14 Arten in Südamerika, 10 Arten in Centralamerika und 4 in Nordamerika; nur 1 Art *(erosa)* kommt in Nord-, Central- und Südamerika, 1 in Süd- und Central-, 2 in Nord- und Centralamerika vor. Zwei mir unbekannte Arten sollen aus Neuseeland stammen, doch glaube ich, dass hier ein Irrthum vorliegt; sollte sich die Angabe als richtig erweisen, so wäre es eines der interessantesten thiergeographischen Probleme, dieses Vorkommen zu erklären. Dann müssten wir *Phymata* wohl als eine uralte Gattung ansehen.

Die Macrocephalinen zerfallen nach dem Flügelgeäder in zwei Gruppen, von denen die eine nur die Gattung *Macrocephalus* umfasst, die zweite dagegen *Oxythyreus*, *Amblythyreus*, *Cnizocoris*, *Glossopelta* und *Agreuocoris*.

Macrocephalus ist ein rein amerikanisches Genus und scheint sich mit *Phymata* parallel entwickelt zu haben. Wir kennen 4 Arten aus Nordamerika, 16 aus Centralamerika und 11 aus Südamerika; 1 Art kommt in Nord- und Centralamerika vor.

Der Fundort von *Oxythyreus* (1 Art) ist unbekannt, von *Amblythyreus* kommen 4 Arten in der orientalischen Region vor und wahrscheinlich auch die 2 anderen, deren Fundort bis jetzt noch unbekannt ist. *Cnizocoris* hat 2 und *Glossopelta* 3 orientalische Arten, *Agreuocoris* 1 Art, die aus Mexico stammen soll — leider ist diese

Angabe zweifelhaft. Ich glaube also annehmen zu können, dass diese Gattungsgruppe eine speciell orientalische ist.

Carcinocoris und *Carcinochelis* mit 2 ostindischen, respective 1 Art ohne Fundort, sind wohl auch für die orientalische Region charakteristisch.

Australien und die äthiopische Region mit Madagascar beherbergen keine Phymatiden, ebenso das arktische und antarktische Gebiet. Die Zahl der Arten nimmt von den Polen gegen den Aequator bedeutend zu, und wir können die Phymatiden daher im Allgemeinen eine tropische Familie nennen.

Weitere Schlüsse aus den oben angeführten geographischen Thatsachen zu ziehen, will ich unterlassen, weil die Basis noch zu unsicher ist; wir wissen ja noch nicht, ob *Agreuocoris* wirklich aus Mexico stammt, und in Neuseeland thatsächlich *Phymata*-Arten vorkommen; wir kennen auch noch keine fossilen Phymatiden und können daher nicht ahnen, in welchem Masse sich ihre Verbreitung im Laufe der geologischen Perioden verändert hat.

Systematische Stellung und Verwandtschaft.

In morphologischer, anatomischer und biologischer Beziehung zeigen die Phymatiden die grösste Uebereinstimmung mit den Reduviiden. Der pseudo-trimere Rüssel, die Gestaltung der Endsegmente in beiden Geschlechtern und in wesentlichen Punkten auch die Beine, der Thorax und die Flügel weisen auf eine nahe Verwandtschaft mit Reduviiden hin. Dass die Tarsen nur zweigliedrig sind, hat nichts zu bedeuten, weil auch bei typischen Reduviiden öfter eine Reduction der Gliederzahl eintritt. Auch ähnliche Kopfformen finden sich bei Reduviiden. *Phimophorus* und *Aulacogenia*, beides Formen mit nur zwei Tarsengliedern, haben auch ganz ähnlich gebaute Köpfe wie die Macrocephaliden. Was von den bei Reduviiden beobachteten Formen stark abweicht, sind eigentlich nur die Fühler.

Die Mehrzahl der Autoren stellte die Phymatiden fälschlich in die Nähe der Aradiden und Tingididen, und auch ich war nahe daran, mich dieser Ansicht anzuschliessen. Reuter und namentlich Schiödte vertraten jene Auffassung, die ich oben ausgesprochen habe, nur scheint mir Schiödte doch etwas über das Ziel zu schiessen, wenn er die Phymatiden und Reduviiden in eine Familie vereinigt.

Gattungsgruppen und Gattungen.

Die Phymatiden zerfallen in zwei gut geschiedene, durch eine grössere Zahl constanter, wesentlicher und leicht sichtbarer äusserer Merkmale gekennzeichnete Abtheilungen.

Bei der einen dieser Abtheilungen sind die Adern der Membran immer reichlich verästelt, der Kopf ist kürzer und trägt immer einen Stirnfortsatz. Die Fühler werden in der Ruhe nach der Seite gelegt und passen genau in eine Rinne, die ober den Facettaugen über den Kopf hinzieht und sich auf die Seite des Thorax fortsetzt. Bei dieser Gruppe ist der Tarsus der Vorderbeine erhalten, und die Schiene legt sich an die Unterseite des erweiterten Schenkels an (*Mahtis*-Typus). Das Scutellum ist immer kurz dreieckig und lässt die Vorderflügel unbedeckt. Ich nenne diese Gruppe, welche nur die Gattung *Phymata* umfasst, **Phymatinae**.

Die andere Abtheilung hat die Adern der Membran nicht reichlich verzweigt, höchstens die erste (dritte nach R.) einfach gegabelt. Der Kopf ist länger, mehr cylindrisch und trägt keinen Stirnfortsatz. Die Fühler werden in der Ruhe nach unten geschlagen und kommen neben dem Rüssel zu liegen; hier sind auch oft mehr oder minder gut ausgebildete Rinnen zu ihrer Aufnahme vorhanden. Die Thoraxseiten zeigen natürlich hier keine Fühlerrinnen. Der Tarsus der Vorderbeine fehlt.

Nach der Gestalt der Vorderbeine zerfällt diese Abtheilung wieder in zwei Gruppen: 1. **Macrocephalinae** mit Vorderbeinen nach dem *Phymata- (Mantis-)* Typus, Hinterflügel mit Hamus, und 2. **Carcinocorinae** mit Vorderbeinen nach dem Scheerentypus, d. h. am Ende des Schenkels mit einem unbeweglichen langen Fortsatz, an den sich die Schiene anschmiegt, Hinterflügel ohne Hamus.

Zu den Macrocephalinen rechne ich die Genera *Macrocephalus, Amblythyreus, Cnizocoris, Agreuocoris* und *Oxythyreus*, die sich durch Merkmale im Flügelgeäder, durch die Form und Grösse des Schildchens, die Bildung der Fühlerrinnen und andere Merkmale unterscheiden, zu den Carcinocoriden endlich die zwei Gattungen *Carcinocoris* mit langem und *Carcinochelis* mit kurzem Schildchen.

Zur Erleichterung der Bestimmung folgt hier eine Tabelle der Gattungen.

1 Vorderbeine mit einem zurückschlagbaren Tarsus. Kopf ober den Augen und Seiten des Prothorax mit Fühlerrinnen. Adern der Membran reichlich verzweigt
Phymatinae m. Gen. Phymata Latr.

Vorderbeine ohne Tarsus. Kopf ober den Augen und Prothorax an den Seiten ohne Fühlerrinne. Höchstens die erste (dritte nach R.) Ader der Membran gegabelt 2

2 Vorderbeine scheerenartig **Carcinocorinae m.** 3

— nach dem *Mantis*-Typus (Schiene zurückzuschlagen und an die untere Kante des erweiterten Schenkels anzulegen) **Macrocephalinae m.** 4

3 Scutellum das Ende des Hinterleibes erreichend **Carcinocoris m.**

— kaum die Mitte des Hinterleibes erreichend **Carcinochelis Fieber.**

4 Scutellum sehr gross und breit, zungenförmig, das Ende des Hinterleibes erreichend 5

— viel kürzer, spitz dreieckig oder halb elliptisch, kaum über die Mitte des Abdomens verlängert. 7

5 Erste (respective dritte) Ader der Membran einfach, nicht gegabelt (Unterseite des Kopfes neben dem Rüssel ohne Fühlerrinne). Ausschliesslich amerikanische Formen **Macrocephalus Swed.**

Erste (respective dritte) Ader der Membran gegabelt 6

6 Kopf unten neben dem Rüssel mit sehr deutlicher Fühlerrinne (orientalische Region) **Glossopelta m.**

— — — — — ohne Fühlerrinne (? Amerika) **Agreuocoris m.**

7 Scutellum spitz dreieckig, schmal, die halbe Länge des Hinterleibes erreichend. Fühler robust, fast walzenförmig **Oxythyreus Westw.**

— entweder hinten breit abgerundet oder viel kürzer als die Hälfte des Hinterleibes. Fühler, namentlich die Glieder 2 und 3 schlank 8

8 Hinterleib breit rhombisch, nicht merklich länger als breit. Scutellum halb so lang als das Abdomen, fast halb elliptisch oder wenigstens hinten abgerundet (orientalische Region) **Amblythyreus Westw.**

— fast elliptisch, schmal und doppelt so lang als breit. Scutellum erreicht nur das erste Drittel der Hinterleibslänge (orientalische Region) **Cnizocoris m.**

I. **Phymata** Latr.

Cimex Linné, Syst. Nat., X, 1758 pp.
» Sulzer, Kennz. d. Ins., 102, 1761 pp.
» Geoffroy, Hist. abrég., 430, 1762 pp.
» Linné, Syst. Nat., XII, 1767 pp.
» Degeer, Mémoires, III, 1773 pp.
» Müller, Linné's Natursyst., V, 1, 475, 1774 pp.
Acanthia Fabricius, Syst. Ent., 693, 1775 pp.
Cimex Geoffroy-Fourcroy, Ent. Paris, I, 194, 1785 pp.
Acanthia Fabricius, Mant. Ins., II, 278, 1787 pp.
Cimex Römer, Gen. Ins., 14, 1789 pp.
» Gmelin, Syst. Nat., XIII, 1 (4), 2123, 1789 pp.
Acanthia Rossi, Fauna Etr., II, 223, 1790 pp.
» Fabricius, Ent. Syst., IV, 67, 1794 pp.
» Schellenberg, Geschl. d. Wanz., 20, 1800 pp.
» Walckenaer, Faune Paris., II, 336, 1802 pp.
Phymata Latreille, Hist. Nat., III, 247, 1802.
Syrtis Fabricius, Syst. Rhyng., 121, 1803 pp.
Phymata Latreille, Hist. Nat., XII, 244, 1804.
» » Genera Crust., III, 138, 1807.
» Lamarck, Hist. Nat., III, 505, 1816 pp.
» St. Fargeau et Serville, Encycl. Méthod., X, 120, 1825.

Phymata Laporte, Essai, 14, 1832.
Discomerus Laporte, Essai, 14, 1832.
Phymata Dufour, Recherches Anatom., 51, 283, 1833.
Syrtis Hahn, Wanzenart. Ins., III, 55, 1835.
» Herrich-Schäffer, Nomenclator, I, 37, 1835.
Phymata Brullé, Hist. Nat., 346, 1835.
Syrtis Burmeister, Handbuch, II, 251, 1835.
Phymata Costa, Cimic. Regn. neap. Cent., 19, 1838.
» Blanchard, Hist. Nat., III, 114, 1840.
» Spinola, Essai, 155, 1840.
Syrtis Rambur, Faune ent. Andal., II, 167, 1842.
Phymata Westwood, Trans. Ent. Soc. Lond., III, 21, 1843.
» Amyot et Serville, Hist. Nat., 288, 1843.
» Spinola, Tavola sinott., 44, 1850.
» Blanchard, Gay's Hist. de Chile, VII, 206, 1852.
Syrtis Gorski, Analecta, 28, 1852.
Phymata Flor, Rhynch. Livlands, I, 399, 1860.
» Fieber, Europ. Hemipt., 33, 109, 1861.
» Walker, Catal., VI, 170, 1873.
» Stål, Enum., V, 131, 1876.
Anthylla Stål, Enum., V, 131, 1876.

Kopf ziemlich kurz, von der Seite etwas zusammengedrückt, Stirne ober den Fühlern in einen mehr oder minder langen, meist gegabelten Fortsatz ausgezogen, ober den Facettaugen mit deutlicher Fühlerrinne. Fühler knapp bei einander am Vorderende des Kopfes unter dem Fortsatze der Stirn inserirt, nie sehr dick, ihr Endglied mehr minder schlank keulen- oder walzenförmig, das zweite und dritte Glied immer dünn und schlank. Seitenkanten des Prothorax meist mehr oder minder erweitert und oft durch Ausschnitte und Zacken ausgezeichnet; die zwei Längskiele des Pronotum nur hinter der Quertheilungslinie, die immer vor der Mitte liegt, deutlich, selten verwischt, oft in Höcker vorgezogen. Zwei Läppchen am Hinterrande meist entwickelt.

Fig. 17.
Kopf von *Phymata crassipes* F.

Seiten des Prothorax knapp unter der Kante mit einer grossen Fühlerrinne. Ecken der Vorderbrust meist mit zahlreichen Zäpfchen oder Körnern bewehrt, nicht sehr weit vorgezogen. Scutellum immer kurz dreieckig, gerandet und fast immer mit deutlichem Längskiel.

Das Corium der Vorderflügel ist gross und breit, erste (Convex-) Ader nicht weit auf die Membran fortgesetzt, zweite (Concav-) Ader besonders bei tingirten Flügeln in der Membran deutlich, dritte (Convex-) Ader in zahlreiche Aeste getheilt, die sich oft durch Anastomosen oder Queradern netzartig verschlingen. Vierte (Concav-) Ader immer deutlich zu erkennen. Die fünfte und siebente (Convex-) Ader schliessen am Grunde der Membran unmittelbar an dem Corium immer zwei Zellen ein, von denen die obere grösser, die untere kleiner ist; gegen den Rand zu verzweigen sich auch diese Adern mehr oder minder reichlich, und ihre Aeste anastomosiren manchmal ähnlich wie jene der dritten Ader. Die achte (Concav-) Ader oder die sutura clavi ist immer deutlich, ebenso die neunte (Convex-) Ader im Clavus. Hinterflügel mit Hamus. Zwischen den Concavadern 6 und 8 keine Convexader, zwischen 8 und 10 eine vom Grunde aus gegabelte Ader, im gut entwickelten Anallappen keine deutliche Ader.

Die Vorderbeine immer kräftig, nie sehr schlank und lang, nach dem *Mantis*-Typus gebaut, ihr zweigliediger Tarsus erhalten, meist in eine Rinne an der Oberseite der Tibie zurückgelegt. Mittel- und Hinterbeine ziemlich kurz und kräftig, die Schienen aussen mit einer Rinne, die Tarsen mit kurzem Basal- und langem Klauenglied.

Der Hinterleib ist von Gestalt sehr mannigfach, im Umrisse mehr oder minder breit rhombisch oder birnförmig, immer in der Gegend des vierten Segmentes am breitesten. Der Rücken ist stets concav, der Bauch meist stark gewölbt. Die Connexiva sind stark entwickelt, sehr verschieden gestaltet, ausgebuchtet, zackig oder bogenförmig vortretend oder ganzrandig.

Bestimmungstabelle der Phymata-Arten.

1 Körper auffallend rauh, stachelig und dornig 2
— nicht sehr rauh, weder stachelig noch dornig 4
2 Hinterleib gegen das vierte Segment zu ganz allmälig erweitert (hinten nicht ausgebuchtet). Membran hyalin. 7 Mm. Brasilien. ♀ spinosissima Mayr.
— vor dem vierten Segmente mehr unvermittelt ausgebreitet. Membran gebräunt 3
3 Hinterleib ganz auffallend erweitert, hinten etwas ausgebuchtet. 7 M. Südbrasilien. ♂ phyllomorpha m.
— nicht so stark erweitert, hinten nicht ausgebuchtet. 5—6·5 Mm. Brasilien, Venezuela. ♂ ♀ scabrosa m.
4 Hinterende durch eine tiefe Ausbuchtung zweilappig. Membran mit zahlreichen dunklen Punkten. 7—8 Mm. Chile. ♂ ♀ nervoso-punctata Sign.
— nicht ausgebuchtet. Membran nicht getupft 5
5 Thorax ganz aussergewöhnlich ausgebreitet, doppelt so breit als lang, die Längskiele des Pronotum und Scutellum verwischt (Hinterrandsläppchen des Pronotum rudimentär, Membran hyalin, Hinterleib sehr breit rhombisch). 10·5 Mm. Jamaica. ♀ Distanti m.
— nie so stark verbreitet. Kiele des Pronotum und Scutellum fast ausnahmslos deutlich 6
6 Läppchen am Hinterrande des Pronotum rudimentär (viertes Fühlerglied fast 2 1/2 mal so lang als die zwei vorhergehenden Glieder zusammen. Hinterleib nicht eckig, mässig erweitert. Seitenränder des Thorax nicht ausgeschnitten). 7 Mm. Brasilien. ♂ Swederi Stål.
— — — — — gut entwickelt; auch sonst verschieden 7
7 Seitenränder des Pronotum sehr tief ausgeschnitten, der Theil hinter dem Ausschnitte stark aufgebogen und zackenartig nach vorne ragend 8
Hintere Partie der Seitenränder des Prothorax nicht nach vorne ragend . . . 10
8 Grössere Art: 9—12 Mm. (Hinterleib immer sehr scharf und stark eckig verbreitet. Hintere Ecken der ersten drei Connexiva in kräftige Spitzen ausgezogen). Südamerika. ♂ ♀ fortificata H.-S.
Kleinere Arten: 6—7 Mm. 9

9 Kopf nur wenig länger als breit. Körper breit und gedrungen, ähnlich wie *fortificata* gebaut. Südamerika. ♂ ♀ **armata** m.

— doppelt so lang als breit. Körper viel schlanker. Brasilien ♀

Karschii m.

10 Europäische Arten 11

Amerikanische Arten 12

11 Mittel- und Hinterbeine nicht mit zäpfchenartigen Warzen besetzt. 7—9 Mm. Ueber die ganze paläarktische Region verbreitet. ♂ ♀ crassipes Fabr.

— — — mit zahlreichen zapfenartigen Wärzchen. 6·5—8·5 Mm. Mediterrangebiet. ♂ ♀ monstrosa Fabr.

12 Kopf (von oben gesehen) doppelt so lang als breit, selten kürzer, mindestens aber 1³/₄ mal so lang als breit. (Thorax oben immer ziemlich flach, meistens an den Seiten nicht stark erweitert. Seiten des Hinterleibes vor dem vierten Segmente geschwungen, nicht unvermittelt erweitert.) 5—7 Mm. Süd- und Centralamerika. ♂ ♀ acutangula Guér.

Kopf immer kürzer oder sonst ganz verschieden 13

13 Seitenränder des Prothorax stark zusammengedrückt und erweitert, aber in der Mitte nicht deutlich ausgeschnitten; parallel mit dem Rande läuft eine flache, mehr oder minder undeutliche, wulstartige Erhöhung. Stirnfortsatz immer weit vorspringend und gegabelt. Connexivum des fünften Segmentes sanft ausgebuchtet 14

— — — entweder nicht stark erweitert oder deutlich ausgeschnitten, oder sonst ganz verschieden 15

14 Membran deutlich gebräunt, ihre Adern deutlich netzartig verschlungen. 7—9 Mm. Nord- und Centralamerika. ♂ ♀ albopicta m.

— und Adern ganz hyalin, letztere nicht netzartig verschlungen und sehr undeutlich. 6·5—7·5 Mm. Nordamerika. ♂ ♀ vicina m.

15 Mittel- und Hinterbeine fast immer dunkel geringelt. Hinter dem Mittelausschnitte sind die Seitenränder des Pronotum nicht stark verbreitert, meistens deutlich aufgeworfen. Membran stark gebräunt, in der Mitte meistens mit hyalinen Flecken. Vorderschenkel auffallend gross und aussen nicht stark gewölbt, nicht granulirt 16

— — — nie geringelt. Thorax entweder in der hinteren Hälfte der Seitenränder stark erweitert oder sonst ganz verschieden. Vorderschenkel nicht so gross, aussen meistens stark gewölbt und in der Regel granulirt 20

16 Kopf länger, 1¹/₂ mal so lang als breit. Connexivum des vierten Segmentes nicht stark und unvermittelt erweitert. Seitenecken des Pronotum nicht sehr auffallend aufgeworfen. 7·5 Mm. Centralamerika. ♀

Handlirschi Champion.

Kopf kürzer. Connexivum des vierten Segmentes sehr stark und unvermittelt verbreitert. Seitenecken des Thorax stark aufgeworfen 17

17 Adern der Membran ganz netzartig verschlungen 18

— — — nicht oder nur an einigen Stellen netzartig verschlungen . . 19

18 Viertes Fühlerglied des ♂ doppelt so lang als die zwei vorhergehenden Glieder zusammengenommen. 8·5 Mm. Columbien. ♂ reticulata m.

— — — — nur um ¹/₃ länger als das zweite und dritte zusammen. 8—9 Mm. Nord- und Centralamerika **Noualhieri m.**

19 Bauchplatten deutlich und reichlich granulirt. Die zwei Spitzen des vierten Connexivums sind fast gleich. 8 Mm. Mexico. ♂   annulipes Stål.

— kaum granulirt. Von den zwei Spitzen des vierten Connexivums ist die hintere viel grösser. 8 Mm. Columbien. ♂   laciniata m.

20 Der hintere Theil der Prothoraxseiten in zwei sehr auffallende Zacken ausgezogen. (Viertes Fühlerglied des ♂ mehr als 1 ½ mal so lang wie die zwei vorhergehenden Glieder zusammen. Kopf 1 ½ mal so lang als breit.) 5—6 Mm. Insel Grenada und St. Vincent. ♂ ♀   angulata Uhl.

— — — — — nicht in zwei grosse Zacken ausgezogen oder sonst ganz verschieden 21

21 Hinterleib in der Gegend des vierten Segmentes stark und unvermittelt verbreitert 22

— mehr allmälig verbreitert 23

22 Viertes Fühlerglied des ♂ etwas länger als die zwei vorhergehenden Glieder zusammen. Die Kiele des Pronotum sind nach hinten zu etwas verwischt und verlaufen mehr bogenförmig, mit der Concavität nach ausen gerichtet. 7 Mm. Cuba. ♂   emarginata Guér.

— — — — um ⅓ kürzer als die zwei vorhergehenden Glieder zusammen. Die Kiele des Pronotum deutlich und fast gerade, nach hinten divergirend. 5·5—7 Mm. Portorico, St. Thomas. ♂ ♀   marginata Fabr.

23 Grössere Art. Fühler sehr dünn, das vierte Glied (♀!) etwas länger als das zweite und dritte zusammen. Thorax vorne nicht rauh, hinten im Verhältniss zur Grösse nicht besonders grob punktirt, die Seitenränder nur sanft geschwungen, die Seitenecken nicht vorragend, die Pleuren fast glatt. 11—12 Mm. Brasilien. ♀   integra Westw.

Entweder viel kleiner oder der Rand des Thorax stark ausgeschnitten, in der hinteren Partie eckig erweitert oder vorne am Pronotum und an den Pleuren reichlich granulirt, rauh 24

24 Membran mit dunklem Mittelfleck, sonst hyalin. Prothorax hinten sehr grob punktirt, seine Kiele stark, fast dachförmig erhaben. 6—7 Mm. Brasilien. ♂ ♀   maculipennis m.

— ohne dunklen Mittelfleck, gleichmässig mehr oder weniger stark gebräunt. Aeusserst variabel. 6—12 Mm. Ganz Amerika. ♂ ♀   erosa L.

1. *Phymata crassipes* Fabricius.

Taf. IV, Fig. 1; Taf. IX, Fig. 2.

Cimex erosus Sulzer, Kennzeichen, Taf. 11, Fig. 71, 1761 (nec descr.!).
»   *oblongus fuscus* etc. Geoffroy, Hist. abbreg., 447, 1762.
»   *Abietis* Scopoli, Ent. Carn., 125, 1763.
»   *(vicesimus) quatuor antennarum articulis* Schäffer, Icones, Taf. 57, Fig. 12, 1766.
»   *erosus* Fuesslin, Verz. schweiz. Ins., 25, 1775.
Acanthia crassipes Fabricius, Syst. Ent., 695, 1775.
»   »   »   Spec. Ins., II, 337, 1781.
Cimex chelifer Geoffroy-Fourcroy, Ent. Paris., I, 202, 1785.
Acanthia crassipes Fabricius, Mant. Ins., II, 270, 1787.
Cimex erosus Roemer, Genera Ins., Tab. 36, Fig. 11, 1789 (nec descr.!).
»   *crassipes* Gmelin, Syst. Nat., XIII, I (4), 2126, 1789.

Acanthia crassipes Rossi, Fauna Etr., II, 226. 1790.
>   »   Panzer, Faun. Germ., Fasc. XXIII, Fig. 24, 1794.
>   »   Fabricius, Ent. Syst., IV, 74, 1794.
>   »   Schellenberg, Geschl. der Land- u. Wasserw., 21, Taf. 6, Fig. 3, 1800.
>   »   Wolff, Icones Cimic., Fasc. 3, 88, Taf. 9, Fig. 82, 1802.
>   »   Walckenaer, Faune Paris., II, 338, 1802.
Phymata »   Latreille, Hist. Nat., III, 247, 1802.
Syrtis   »   Fabricius, Syst. Rhyng., 121, 1803.
Phymata »   Latreille, Hist. Nat., XII, 245, 1804.
>   »   »   Gen. Crust., III, 138, 1807.
>   »   Lamarck, Hist. Nat., III, 506, 1816.
Syrtis   »   Latreille, Encycl. Method., Pl. 373, 1818.
Phymata »   St. Fargeau et Serville, Encycl., X, 120, 1825.
>   »   Dufour, Recherches anat., 53, 1833.
Syrtis   »   Hahn, Wanzenart. Ins., III, 58, Taf. 90, 1835.
>   »   Herrich-Schäffer, Nomencl., I, 57, 1835.
>   »   Burmeister, Handbuch, II, 251, 1835.
Phymata »   Brullé, Hist. Nat., 347, 1835.
>   »   Costa, Cim. Nap. Cent., 19, 1838.
>   »   Blanchard, Hist. Nat., III, 114, 1840.
Syrtis   »   Rambur, Faun. Andal., II, 167, 1842.
Phymata »   Westwood, Trans. Ent. Soc. Lond., III, 21, Fig. 2, 1843.
>   »   Guérin, Iconogr., Taf. 56, Fig. 11. 1843.
>   »   Amyot et Serville, Hist. Nat., 290, 1843.
>   »   Flor, Rhynch. Livl., I, 402, 1860.
{ »   *coarctata* »   »   » » 404. »
! »   *crassipes* Fieber, Eur. Hem., 110, 1861.
   »   *coarctata*   »   Wien. ent. Monatschr., VII, 57, 1863.
{ »   *crassipes* Stål, Enumeratio, V, 132, 1876.
{ »   *coarctata* »   »   »   »
! »   *crassipes* Puton, Synopsis, II, 127, 1879.

Ziemlich flach und schlank. Kopf von oben gesehen mit Einschluss des Stirnfortsatzes mindestens $1\frac{1}{2}$ mal so lang als breit. Stirnfortsatz gut entwickelt und vorne
meistens deutlich gegabelt. Stirnfurche und Höckerchen ober und vor den Ocellen
nicht sehr auffallend. Fühler lang und schlank, ihr zweites und drittes Glied fast ganz
gleich, das vierte beim ♂ $1\frac{1}{2}$ mal so lang als das zweite und dritte zusammen, beim
♀ um beiläufig $\frac{1}{3}$ kürzer als das zweite und dritte zusammen. Der Prothorax ist
beiläufig $1\frac{1}{2}$ mal so breit als lang; seine stark comprimirten, aber nicht ausgeschnittenen
Seitenränder aufgebogen, mit abgerundeter Contour; eine flache wulstartige Erhebung
zieht schief neben dem seitlichen Rande vom Vorderrande bis auf die Höhe; Mittelkiele
gut erhalten, bis zum Hinterrande deutlich und nicht in deutliche Höcker emporgerichtet; Seitenecken mehr oder minder abgerundet, oft jedoch deutlich ausgeschnitten.
Das ganze Pronotum erscheint concav, und seine Hinterrandläppchen sind gut entwickelt. Scutellum spitz dreieckig, gerandet und mit einem gut entwickelten granulirten
Mittelkiel versehen. Ecken der Vorderbrust sehr stark gekörnt, Mittelbrust auf
der Fläche kaum granulirt. Pronotum nur vorne und an den Rändern zerstreut
granulirt, sonst grob und fast runzlig punktirt. Corium ohne Körnchen, im Costalfelde
mit einigen mehr oder minder undeutlichen Querrunzeln (? Adern). Membran schwach
beraucht, ihre Adern bräunlich, manchmal etwas anastomosirend oder hie und da durch
eine Querader verbunden. Vorderbeine ziemlich schlank, ihre Hüften vorne mit
einem Dorn, die Schenkel doppelt so láng als breit, aussen verhältnissmässig schwach
gewölbt, ausser an der oberen Kante kaum granulirt. Mittel- und Hinterschenkel
mit deutlichen Körnchen, unten mit einigen unregelmässigen Zähnchen. Hinterleib im

Verhältniss zum Thorax gross, stark verbreitert und oben sehr concav, im Umrisse fast birnförmig. Das Connexivum des vierten Segmentes tritt mehr oder weniger stark bogenförmig oder eckig hervor, die Connexiva des ersten bis dritten Segmentes sind hinten oft in kleine Spitzen ausgezogen, die folgenden Connexiva fast ganzrandig, nicht oder kaum ausgebuchtet; Hinterende nicht ausgeschnitten. Auf der Mitte jeder Ventralplatte des ♂ zwei nach hinten etwas divergente Kielchen und neben denselben unregelmässige kleine Furchen. Im weiblichen Geschlechte zieht über die Mitte des Bauches ein einfacher, ziemlich flacher Längskiel. Granulirung des Hinterleibes mässig entwickelt. Grundfarbe des kahlen, nicht behaarten Körpers braun, der Rand der Connexiva 1—3 gelblichweiss, durchscheinend. Basalhälfte des Hinterleibes meist dunkelbraun, ebenso die Oberseite des Kopfes und des Thorax — beim ♂ manchmal fast schwarz. Fühler mehr oder minder dunkelbraun, Beine bräunlich, Corium mehr oder minder dunkelbraun. 7—9 Mm.

Ph. crassipes ist nicht sehr variabel. Die Form mit stärker erweitertem Thorax und eckigen Connexiven wurde *coarctata* genannt; es sind jedoch von dieser Form bis zur normalen alle Uebergänge vorhanden.

Ich untersuchte über 200 Exemplare aus den verschiedensten Gegenden. Die Art ist wohl über die gemässigten und warmen Theile der ganzen paläarktischen Region verbreitet. Im äussersten Norden fehlt sie, und selbst in England wurde sie noch nicht beobachtet. Von besonders interessanten Fundorten möchte ich die folgenden hervorheben: Tunis (Mus. Caes. Vindob.), Algier (Mus. Paris.), Caucasus und Sarepta (Mus. Vindob.), Amur (Coll. Montandon).

Die Synonymie ist bei dieser Art gar nicht verwickelt und bedarf daher keiner weiteren Erklärung. Bezüglich der Lebensweise verweise ich auf den allgemeinen Theil.

2. *Phymata monstrosa* Fabricius.

Taf. IV, Fig. 4; Taf. IX, Fig. 1.

Acanthia monstrosa Fabricius, Ent. Syst., IV, 74. 1794.
Syrtis   »   »   Syst. Rhyng., 122, 1803.
  »   »   Hahn, Wanzenart. Ins., III, 57, Taf. 90, Fig. 273, 1835.
  »   »   Burmeister, Handbuch, II, 251. 1835.
  »   »   Herrich-Schäffer, Nomencl., I, 57. 1835.
Phymata   »   Brullé, Hist. Nat., 347, 1835.
Syrtis   »   Germar, Faun. Ins. Europ., XVIII, Taf. 21, 1836.
Phymata   »   Blanchard, Hist. Nat., III, 114. 1840.
Syrtis   »   Rambur, Faun. Andal., II, 168, 1842.
Phymata   »   Fieber, Europ. Hemipt., 110, 1861.
  »   »   Stål, Enumeratio, V, 132, 1876.
  »   »   Puton, Synopsis, II, 127. 1879.

Mit *Ph. crassipes* F. sehr nahe verwandt, etwas kleiner und zierlicher.

Kopf ähnlich wie bei dieser Art, meist stärker dornig. Fühler noch schlanker, das vierte Glied des ♂ (Taf. IX, Fig. 1) fast doppelt so lang als das zweite und dritte zusammen, beim ♀ ebenso lang wie diese zwei Glieder.

Thorax in der Grundform ähnlich, aber am Rande stärker gezackt, die vordere Partie des Seitenrandes doppelt ausgebuchtet, daher zweispitzig, ebenso die Seitenlappen. Wie bei *crassipes* ist auch hier neben dem Rande ein flacher Wulst vorhanden. Die Längskiele sind fast immer in einen oder in zwei deutliche Dornhöcker ausgezogen. Scutellum ganz ähnlich wie bei der genannten Art, die Ecken der Vorderbrust stärker bewehrt. Beine ähnlich, die Vorderhüften vorne mit einer Anzahl deutlicher

13*

Dörnchen. Mittel- und Hinterschienen mit zahlreichen zäpfchenartigen Wärzchen besetzt. Hinterleib mehr rhombisch, die Connexiva der ersten drei Segmente in der hinteren Ecke stark vorgezogen. Connexivum des vierten Segmentes eckig, des fünften und sechsten seitlich stark ausgebuchtet und hinten eckig vorragend. Hinterende nicht ausgeschnitten. Bauch ähnlich wie bei *crassipes*. Corium fast wie bei der genannten Art, Membran hyalin, mit blassen Adern. Granulirung, abgesehen von den Beinen, gleichfalls ganz ähnlich. Grundfarbe bräunlichgelb ($\female$) oder graugelb ($\male$), Connexiva der ersten drei Segmente licht gefleckt. Vordere Partie des Abdomen, oft auch einige Flecken in der hinteren, im männlichen Geschlechte dunkelbraun oder schwarz, im weiblichen mehr oder minder dunkelbraun. Kopf und Thorax beim Weibe oft gebräunt, beim Manne meistens schwarz. Fühler häufig theilweise dunkel, ebenso die Beine ($\male$). Corium der Hinterleibsbasis entsprechend gefärbt. 6·5—8·5 Mm.

Ph. monstrosa wurde bisher ausserhalb des Mediterrangebietes nicht beobachtet; in diesem Gebiete scheint sie hauptsächlich im Westen weit verbreitet zu sein: Südfrankreich, Spanien, Corsica, ganz Algerien und Marocco. Ein Exemplar in Signoret's Sammlung soll aus Syrien stammen. Im Ganzen habe ich circa 80 Exemplare untersucht.

3. *Phymata vicina* n. sp.
Taf. VIII, Fig. 27: Taf. IX, Fig. 6, 7.

Mit den beiden europäischen Arten *crassipes* F. und *monstrosa* F. nahe verwandt, der letzteren täuschend ähnlich.

Kopf (Taf. VIII, Fig. 27) ganz ähnlich wie bei *monstrosa* F., die Fühler jedoch verschieden; das vierte Glied des Mannes (Taf. IX, Fig. 6) nur um ein Viertel länger als das zweite und dritte zusammen, im weiblichen Geschlechte (Taf. IX, Fig. 7) ist es etwas kürzer als diese zwei Glieder. Thorax gleichfalls ganz ähnlich wie bei der genannten Art, der Seitenwulst vielleicht minder deutlich, die Zacken an den Seiten etwas kürzer. Kiele des Mannes mit kleinen Höckern. Vorderhüften mit einem Dorn, Vorderschenkel nicht stark gewölbt, Mittel- und Hinterschenkel einfach granulirt, nicht wie bei *monstroca* F. mit auffallenden Zäpfchen besetzt. Flügel ganz ähnlich, die Membran mit den Adern sehr licht. Auch das Abdomen ist ähnlich; die ersten drei Connexiva hinten in Spitzen ausgezogen, das vierte eckig vortretend, das fünfte und sechste ausgebuchtet. Hinterende nicht ausgeschnitten. Bauch wie bei den zwei europäischen Arten, ebenso die Sculptur. Die zwei mir vorliegenden Exemplare sind fahlgelb, mit einer dunkelbraunen Fleckenbinde über die Mitte des Abdomen, ausserdem noch mit einigen kleinen Flecken auf den Connexiven; bei dem $\male$ sind die Ecken des Pronotum dunkel. 6·5—7·5 Mm. 1 $\male$, 1 $\female$ aus Florida (H. H. Ashmead in Coll. Montandon).

Es ist interessant, dass eine Art, die mit den beiden europäischen so nahe verwandt ist und mit ihnen zusammen eine eigene Gruppe bildet, in Nordamerika vorkommt. Die drei Arten stammen wohl aus einer Zeit, in welcher die zwei Faunengebiete noch in engerer Verbindung standen, denn von einer nachträglichen Einwanderung, sei es von Westen nach Osten oder umgekehrt, kann bei diesen mit geringer activer und passiver Verbreitungsfähigkeit begabten Thieren kaum die Rede sein. Wären die Phymaten arktische Formen, so dürfte man sich nicht darüber wundern, so nahe verwandte Formen in der alten und neuen Welt anzutreffen, bei ausgesprochen südlichen Formen aber ist dieser Fall viel seltener.

4. *Phymata albopicta* n. sp.

Taf. IV, Fig. 2; Taf. VIII, Fig. 37; Taf. IX, Fig. 3.

Zart gebaut und in vielen Punkten an die drei vorhergehenden Arten erinnernd. Kopf (Taf. VIII, Fig. 37) $1\frac{1}{2}$ mal so lang als breit, Stirnfortsatz gut ausgebildet, gross und am Ende stark gegabelt. Dornhöcker ober und vor den Ocellen meistens gut entwickelt. Fühler zart, beim ♂ (Taf. IX, Fig. 3) das vierte Glied fast um die Hälfte länger als die zwei vorhergehenden Glieder zusammen, beim ♀ um $\frac{1}{4}$—$\frac{1}{3}$ kürzer. Thorax in der Grundform ähnlich wie bei den drei vorhergehenden Arten, die Seitenränder stark comprimirt und aufgebogen, nicht tief ausgeschnitten, sondern nur flach doppelt ausgebuchtet und dadurch jederseits mit drei Spitzchen. Seitenecken stärker ausgebuchtet, daher zweispitzig, aufgebogen. Kiele stärker ausgebildet als bei *crassipes* und deren Verwandten, aber nicht mit Höckern versehen. Ein Wulst neben dem Seitenrande kaum zu bemerken. Scutellum spitz dreieckig, mit gut entwickeltem, granulirtem Mittelkiel. Ecken der Vorderbrust bewehrt. Läppchen am Hinterrande des Pronotum deutlich. Mittelbrustseiten kaum, das Pronotum nur vorne granulirt, hinten mässig grob und dicht punktirt. Corium zerstreut gekörnt. Membran beraucht, mit braunen, vielfach netzartig verschlungenen Adern. Vorderbeine verhältnissmässig lang, die Hüften vorne mit einem Dorn, der Schenkel gross und flach, doppelt so lang als breit und nur oben deutlich granulirt. Mittel- und Hinterschenkel sind ähnlich wie bei *monstrosa* F., mit zahlreichen zapfenartigen Wärzchen besetzt. Auch der Hinterleib zeigt eine gewisse Aehnlichkeit mit jenem von *monstrosa* F., wird aber gegen das vierte Segment zu ganz unvermittelt breiter. Die Connexiva der drei ersten Segmente hinten in Spitzen ausgezogen, verhältnissmässig schmal; Connexivum des vierten Segmentes sehr verbreitert und eckig vortretend, des fünften sanft ausgebuchtet, des sechsten (♂), respective sechsten und siebenten (♀) abgerundet. Ventralplatten mit feiner Mittelfurche, die durch zwei sehr feine und sehr dicht aneinanderliegende Kiele begrenzt wird. Diese Kiele sind oft scheinbar verschmolzen, und die Segmente erscheinen dann (namentlich beim ♀) stärker, aber einfach gekielt. Hinterleib spärlich granulirt. Grundfarbe braun, Connexiva der drei ersten Segmente und die Basalhälfte des Coriums zum grossen Theile oder fast ganz weisslich. Mittelbinde des Hinterleibes nebst der Oberseite des Kopfes und des Thorax oft dunkel, selten aber schwarz. Beine und Fühler braun. 7—9 Mm.

Ich untersuchte 16 Exemplare aus Georgia in Nordamerika, Orizaba, Guanajuato, Morelia und Guerrero in Centralamerika, Eigenthum der Museen in Wien, Stockholm, Brüssel sowie der Herren Montandon und Godman.

Die Art erinnert wohl einerseits in vielen Punkten (Kopf, Thorax etc.) an *monstrosa* F. und *vicina* m., ist aber anderseits wieder durch die nicht divergenten Kielchen der Ventralplatten und die Form des Hinterleibes hinlänglich verschieden, um sie nicht in dieselbe Gruppe mit den genannten Arten zu stellen. Jedenfalls dürfte sie auch Beziehungen zu den folgenden, mit *annulipes* Stål verwandten Formen haben.

5. *Phymata annulipes* Stål.

Taf. VIII, Fig. 1; Taf. IX, Fig. 8.

! *Phymata annulipes* Stål, Stett. Ent. Zeit., XXIII, 439, 1862.
!   »   »   »   Enumeratio, V, 132, 1876.

♂. Schlank gebaut. Kopf kurz, Stirnfortsatz verhältnissmässig kurz und schmal, gegabelt; die Ocellenhöcker sehr gross. Schläfen und Genae erscheinen infolge der

Reduction des Stirnfortsatzes mehr vorgequollen. Zweites und drittes Fühlerglied kurz (Taf. IX, Fig. 8), zusammen nur halb so lang als das vierte. Thorax kaum breiter als lang, nach hinten stark ansteigend, mit starken, in Höcker ausgezogenen Kielen. Seitenränder etwas wulstig gerandet, in der Mitte tief ausgebuchtet, vor der Ausbuchtung mehr nach aussen, hinter derselben mehr nach oben gebogen und durch einen flachen Ausschnitt stumpf zweispitzig erscheinend. Analläppchen sehr deutlich. Scutellum sehr klein, mit stark erhabenem, fast glattem und sehr dickem Kiel. Ecken der Vorderbrust sehr stark granulirt. Meso- und Metapleuren auf der Fläche nur schwach gekörnt. Vorderbeine auffallend gross, ihre Hüften vorne kaum bewehrt, die Schenkel sehr gross, aussen fast flach und nur an der oberen Kante mit einigen Körnchen besetzt. Mittel- und Hinterschenkel mit groben Körnern schütter besetzt, unten etwas gesägt. Corium spärlich granulirt, Membran stark gebräunt, in der Mitte mit zwei grösseren glashellen Flecken; Adern dunkel, nicht netzartig verschlungen. Hinterleib in der Mitte plötzlich erweitert; die ersten drei Segmente mit schmalem, an der hinteren Ecke etwas knopfartig vortretendem Connexivum; das vierte Segment (Taf. VIII, Fig. 1) viel breiter als die drei vorhergehenden, am Rande doppelt ausgeschnitten und dadurch dreispitzig. Von diesen drei Spitzen ist die mittlere am grössten, die vordere etwas kleiner und die hintere viel kleiner. Connexivum des fünften Segmentes mit sehr schwach geschwungenem Aussenrande. Hinterende nicht ausgeschnitten. Ventralplatten mit feiner, durch zwei unscheinbare, fast parallele Kielchen begrenzter Mittelfurche, reichlich und grob granulirt. Prothorax vorne etwas granulirt, hinten undeutlich und ziemlich fein punktirt. Körper schmutzig braun, Kopf, Thorax und Basis des Hinterleibes, sowie dessen Ende dunkler, Connexiva gefleckt, Ende der Fühler und die Vorderbeine gleichfalls dunkel, die Mittel- und Hinterbeine mit braunen Ringen. 8 Mm.

Ein einzelnes ♂ mit der Bezeichnung Mexico aus Signoret's Sammlung, die Type Stål's und jetzt Eigenthum des Wiener Hofmuseums.

In der Form des Hinterleibes erinnert annulipes St. an albopicta m., durch den eigenthümlichen Thorax und den kurzen Kopf ist sie aber hinlänglich verschieden und kaum zu verwechseln.

6. *Phymata reticulata* n. sp.

Taf. VIII, Fig. 3; Taf. IX. Fig. 5.

♂. Der *Ph. annulipes* St. sehr ähnlich und bei Untersuchung einer grösseren Individuenzahl vielleicht nicht als eigene Art aufrechtzuerhalten.

Kopf ganz ähnlich wie bei annulipes St., ebenso die Fühler; diese vielleicht etwas derber. Das vierte Glied (Taf. IX. Fig. 5) ist auch hier doppelt so lang als das zweite und dritte zusammen. Thorax gleichfalls sehr ähnlich, die Kiele etwas weniger vorragend. Brustseiten und Beine fast ganz gleich. Auf dem Corium sehe ich keine Granulirung, die Membran ist stark gebräunt und wie bei annulipes in der Mitte mit zwei lichten Stellen. Alle Längsadern sind durch reichliche Queradern netzartig verbunden. Der Hinterleib ist sehr ähnlich, das Connexivum des vierten Segmentes (Taf. VIII, Fig. 3) aber etwas verschieden; die vordere Spitze ist nämlich nicht so lang und oben ausgebuchtet, die mittlere länger und nach hinten gerichtet, die letzte endlich kaum angedeutet. Bauchplatten fast ganz wie bei annulipes St., die Färbung etwas lichter. Beine gleichfalls geringelt. 8·5 Mm.

Der auffallendste Unterschied von annulipes St. liegt wohl in dem netzartigen Flügelgeäder. doch fehlt mir in Bezug auf die Constanz dieses Merkmales vorläufig ein

Urtheil, denn ich konnte nur ein einzelnes ♂ aus Bogota — Eigenthum des Pariser Museums — untersuchen.

7. *Phymata laciniata* n. sp.

Taf. VIII, Fig. 2; Taf. IX, Fig. 12.

Auch diese Art ist mit *annulipes* St. sehr nahe verwandt. ♂. Kopf fast ganz gleich, viertes Fühlerglied (Taf. IX, Fig. 13) etwas kürzer, nur $1^2/_3$ mal so lang als das zweite und dritte zusammen. Thorax ganz ähnlich, seine Kiele nicht deutlich höckerartig erhaben; von den zwei Spitzen der Seitenecken ist die vordere etwas stärker. Pleuren nur an den Rändern sehr grob granulirt, sonst sehr glatt. Vorderbeine gleichfalls ganz ähnlich; an den Hüften bemerke ich keinen Dorn, die Schenkel sind vielleicht im Verhältnisse noch etwas grösser als bei *annulipes* St., nicht granulirt. Membran gebräunt, mit lichten Mittelflecken und dunklen Adern, die nur hie und da anastomosiren, aber nicht wie bei *reticulata* m. durch Queradern zu einem Netzwerk verschlungen sind. Hinterleib gleichfalls ähnlich, das Connexivum des vierten Segmentes (Taf. VIII, Fig. 2) jedoch nur mit zwei Spitzen, von denen die hintere sehr lang ist. Ventralplatten mit ähnlicher Mittelfurche, aber nur äussert spärlich granulirt, fast glatt. Farbe beinahe wie bei *reticulata* m., die Vorderbeine lichtbraun, die folgenden Paare geringelt. Thorax oben fast ganz licht. 8 Mm.

2 ♂ aus San Carlos in Columbien, Eigenthum des Pariser Museums.

8. *Phymata Noualhieri* n. sp.

Taf. IV, Fig. 3; Taf. VIII, Fig. 4; Taf. IX, Fig. 9.

Kopf ähnlich wie bei den drei vorhergehenden Arten, die Fühler kürzer (Taf. IX, Fig. 9), das vierte Glied des ♂ kaum mehr als $1^1/_3$ mal so lang als das zweite und dritte zusammen, beim ♀ um $^1/_4$ kürzer als diese zwei Glieder. Thorax nach hinten etwas mehr verbreitert; Ausbuchtung der Seitenkante nicht so gross, aber sehr deutlich; Seitenecken vor der flachen Ausbuchtung nicht in eine scharfe Spitze ausgezogen. Kiele gut entwickelt, nicht deutlich höckerig. Scutellum mit fast knopfartig verdicktem, granulirtem Kiel. Thoraxseiten auf der Fläche nicht deutlich granulirt, Ecken der Vorderbrust sehr stark gekörnt. Vorderhüften deutlich bewehrt, Vorderschenkel ganz ähnlich wie bei *annulipes* St. Mittel- und Hinterschenkel unten deutlich bewehrt, oben nur sehr spärlich granulirt. Corium höchstens spärlich granulirt, Membran braun, mit lichten Mittelflecken und braunen, stark netzartig verschlungenen Adern. Hinterleib ähnlich wie bei den vorhergehenden Arten, das Connexivum des vierten Segmentes (Taf. VIII, Fig. 4) nach Art der *annulipes* St. in drei Spitzen ausgezogen, von denen die hintere am kleinsten und die mittlere am grössten ist. Ventralplatten zerstreut grob granulirt, beim ♂ mit feiner Mittelrinne, beim ♀ mit feinem Mittelkiel. Sculptur im Ganzen ähnlich wie bei den vorhergehenden Arten, ebenso die Färbung. ♂ dunkler, ♀ lichter braun, Hinter- und Mittelbeine undeutlich geringelt, Kopf, Thorax und Vorderbeine manchmal fast schwarz. 8—9 Mm.

4 ♂, 2 ♀ aus Pensylvanien (Coll. Noualhier), Nordamerika (Mus. Halle), Georgia (Wiener Museum), Guerrero in Mexico und Guatemala (Coll. Godman).

Auch diese Art gehört in dieselbe Verwandtschaftsgruppe wie die drei vorhergehenden. Ich widme sie Herrn M. Noualhier als Zeichen meiner Dankbarkeit für die mir in liebenswürdigster Weise durch das reiche Materiale seiner Sammlung gewährte Unterstützung.

9. *Phymata Handlirschi* Champion.

Taf. VIII, Fig. 5, 36.

! *Phymata Handlirschi* Champion, Biol. Centr. Amer., 1898.

Im Allgemeinen der *Ph. Noualhieri* ähnlich.

♀. Kopf etwas schlanker (Taf. VIII, Fig. 36), von oben gesehen mit Einschluss des deutlich vortretenden, gegabelten Stirnfortsatzes $1\frac{1}{2}$ mal so lang als breit. Höckerchen ober und vor den Ocellen deutlich. Drittes Fühlerglied um $\frac{1}{4}$ länger als das zweite, das vierte um $\frac{1}{4}$ kürzer als das zweite und dritte zusammen. Thorax ähnlich gebaut, die hintere Partie des Seitenrandes jedoch mehr ausgebreitet und nicht so stark aufgeworfen wie bei *Noualhieri* m. und den übrigen Arten dieser Gruppe, tiefer ausgebuchtet und daher deutlicher zweispitzig. Der Ausschnitt in der Mitte des Seitenrandes sehr gross; Kiele stark, aber nicht höckerig; Hinterrandsläppchen gut entwickelt. Scutellum mit starkem, wenig granulirtem Kiel. Ecken der Vorderbrust stark granulirt, Pleuren auf der Fläche glatt. Beine ähnlich wie bei den vorhergehenden Arten; die Vorderschenkel sehr gross, aussen ziemlich flach, nicht granulirt; Hüften kaum bewehrt. Mittel- und Hinterschenkel kaum gekörnt, unten deutlich gezähnelt. Corium fast ohne Granulirung, Membran gebräunt, ihre Adern braun, nicht netzartig verschlungen. Hinterleib in der Mitte viel schwächer erweitert als bei den verwandten Arten; die Connexiva der drei ersten Segmente ähnlich, jenes des vierten Segmentes (Taf. VIII, Fig. 5) viel weniger vorspringend, sehr schwach doppelt ausgebuchtet, mit etwas vortretender Hinterecke; die folgenden Connexiva ganzrandig. Ventralplatten kaum granulirt, mit äusserst feinem, undeutlichem Mittelkiel. Thorax vorne spärlich gekörnt, hinten viel gröber punktirt als bei den verwandten Arten. Braun, mit breiter, dunkler Binde quer über die Mitte des Hinterleibes; Endglied der Fühler und die Vorderbeine dunkler, Mittel- und Hinterbeine nicht geringelt. 7 Mm.

1 ♀ auf dem Vulcan Chiriqui (Panama) in der Höhe von 2000—3000 Fuss von Herrn Champion gesammelt.

Diese Art scheint den Uebergang von der Gruppe der *Ph. annulipes* St. zu jener der *Ph. erosa* L. zu vermitteln.

10. *Phymata Swederi* Stål.

Taf. IV, Fig. 7; Taf. IX, Fig. 16.

! *Phymata Swederi* Stål, Rio Janeiro Hemiptera, 60, 1860.
! » » » Enumeratio, V, 134, 1876.

♂. Flach und schlank gebaut. Kopf $1\frac{1}{2}$ mal so lang als breit. Stirnfortsatz gut entwickelt, oben flach, mit kaum kenntlicher Mittelfurche und sehr undeutlichen Ocellenhöckern. Fühler (Taf. IX, Fig. 16) sehr verlängert, ihr zweites Glied fast um die Hälfte länger als das dritte, viertes Glied mehr als $2\frac{1}{3}$ mal so lang als das zweite und dritte zusammen. Thorax sehr flach, seine comprimirten Seitenränder beinahe gerade verlaufend, ohne Ausschnitt, die Seitenecken vorspringend, einfach und nicht aufgebogen; Wulst neben dem Seitenrande sehr flach und undeutlich. Hinterrand des Pronotum fast in einem regelmässigen flachen Bogen verlaufend, mit kaum angedeuteten Läppchen. Kiele schwach ausgebildet, aber bis zum Hinterrande deutlich, ohne Höcker.

Scutellum spitz dreieckig, mit granulirtem Mittelkiel. Ecken der Vorderbrust stark bewehrt; Brustseiten kaum gekörnt. Pronotum nur vorne schwach granulirt, hinten mässig punktirt. Corium ohne Körnchen, Adern der gebräunten Membran nicht netzartig verschlungen. Vorderbeine auffallend gross und kräftig, ihre Hüften lang, kaum bewehrt, die Schenkel erst nahe der Mitte stärker erweitert, fast doppelt so lang als breit, an der oberen Kante deutlich granulirt. Mittel- und Hinterschenkel mit undeutlichen Körnern. Hinterleib mässig breit, kaum breiter als der Thorax und im Umrisse fast elliptisch, hinten abgerundet; die Connexiva mässig breit und ganzrandig, etwas granulirt. Ventralplatten, ähnlich wie bei *crassipes*, mit zwei feinen, etwas divergenten Kielchen und Furchen; Grundfarbe bräunlich, eine Querbinde des Hinterleibes und die hintere Partie des Pronotum dunkler, ebenso die Vorderbeine und das Endglied der Fühler. 7 Mm.

1 ♂ aus Rio de Janeiro, Stål's Type, Eigenthum des Stockholmer Reichsmuseums.

Ph. Swederi Stål steht ziemlich isolirt; Thorax und Fühler scheinen so wie die Kielchen der Ventralplatten auf Beziehungen zu der Gruppe der *Ph. crassipes* Fabr. hinzuweisen.

11. *Phymata marginata* Fabricius.

Taf. V, Fig. 4; Taf. VIII, Fig. 35; Taf. IX, Fig. 10, 11.

Syrtis marginata Fabricius, Syst. Rhyng., 122, 1803.
! *Phymata*   »   Stål, Hemiptera Fabriciana, I, 93, 1868.
!   »   »   » Enumeratio, V, 132, 1876.

Kopf kurz (Taf. VIII, Fig. 35), von oben gesehen nur wenig länger als breit; Stirnfortsatz schwach vortretend, vorne ausgebuchtet; Ocellenhöcker schwach entwickelt; Schläfen und Genae etwas vorgequollen. Fühler zart, das vierte Glied beim ♂ (Taf. IX, Fig. 10) um $^1/_3$ kürzer als das zweite und dritte zusammen, beim ♀ (Taf. IX, Fig. 11) noch kürzer; zweites und drittes Glied sehr dünn und schlank. Prothorax von oben gesehen mehr als $1^1/_2$ mal so breit als lang, fast trapezförmig. Die comprimirten Seitenränder in der Mitte breit und tief ausgeschnitten, in der hinteren, sehr erweiterten Partie aufgebogen, aber nicht nach vorne verlängert, in zwei Spitzen ausgezogen, von denen die hintere grösser ist als die vordere. Neben der Seitenkante ist kein Wulst zu bemerken. Kiele fast geradlinig, nach hinten stark divergirend, scharf, granulirt, aber nicht in Höcker ausgezogen. Hinterrandsläppchen deutlich. Scutellum normal entwickelt, spitz dreieckig, mit gut ausgeprägtem, etwas granulirtem Kiel. Ecken der Vorderbrust bewehrt, sehr stark gekörnt. Mesopleuren nur in der Peripherie reichlich, in der Mitte sehr spärlich granulirt. Pronotum vorne schütter granulirt, hinten mässig fein punktirt. Vorderbeine kurz, ihre Coxen granulirt und vorne etwas bewehrt; die Schenkel kleiner als bei den Arten der *annulipes*-Gruppe, aussen stärker gewölbt und granulirt. Mittel- und Hinterschenkel mit wenigen Körnchen, unten etwas gezähnelt. Corium sehr schütter und fein gekörnt, Membran gebräunt, mit braunen Adern, die nur an einigen Stellen anastomosiren, aber nicht durch Queradern verbunden sind. Hinterleib ähnlich geformt wie bei *annulipes* Stål; Connexiva der drei Basalsegmente schmal, ganzrandig und hinten nicht in Spitzen ausgezogen; viertes Segment sehr stark und unvermittelt verbreitert, sein Connexivum in zwei Spitzen ausgezogen, von denen die hintere grösser ist als die vordere. Connexiva des fünften und sechsten Segmentes nicht ausgebuchtet; Hinterende abgerundet. Ventralplatten zerstreut granulirt, mit sehr feiner einfacher Mittelfurche. Färbung ziemlich hell braungelb; über die Mitte des Hinterleibes zieht meistens eine breite rothbraune Binde, welche oft einen lichten Fleck einschliesst. Thorax des Mannes oben meistens dunkler braun, Connexiva oft mit dunklen Flecken. Corium mit weisslichen Zeichnungen. Beine und Fühler gelblich, letztere mit etwas dunklerem Endglied. 5·5—7 Mm.

Diese Art wurde bisher erst auf den Inseln Portorico (St. Juan) und St. Thomas gefunden. Ich untersuchte 12 Exemplare aus den Museen in Wien, Berlin, Stockholm, Budapest und Leiden. Das von Stål bestimmte Exemplar des Stockholmer Museums trägt die Bezeichnung »Mus. Lund!« und ist entweder mit der Type des Fabricius verglichen oder selbst diese Type.

Ph. marginata F. ist mit der nächstfolgenden Art *emarginata* Guérin sehr nahe verwandt, aber gut zu unterscheiden, beide bilden mit *Distanti* m. und *angulata* Uhl. zusammen eine Gruppe, die ihren Ausgangspunkt wohl in der Nähe von *Ph. erosa* L. hat. Als insulare Formen dürften sie sich eben rascher und stärker differenzirt haben wie die Arten, respective Unterarten des Continentes.

12. *Phymata emarginata* Guérin.

Taf. VIII, Fig. 21; Taf. IX, Fig. 13.

! *Syrtis (Phymata) emarginata* Guérin, Sagra's Hist. Cuba, 407, 1857.
! *Phymata emarginata* Stål, Enumeratio, V, 132, 1876.

♂. Der *Ph. marginata* Fabr. sehr ähnlich, aber etwas grösser. Der Kopf ist ganz ähnlich, die Fühler (Taf. IX, Fig. 13) dagegen sind etwas verschieden; ihr viertes Glied ist etwas länger als das zweite und dritte zusammen. Thorax (Taf. VIII, Fig. 21) gleichfalls ähnlich, der Ausschnitt in der Mitte des Seitenrandes etwas tiefer und schärfer begrenzt; der Theil des Seitenrandes hinter diesem Ausschnitt ist mehr abgerundet, nicht deutlich ausgebuchtet und nur hinten spitz vorragend. Kiele, namentlich in der hinteren Partie, verwischt, mehr bogenförmig verlaufend. Hinterrandsläppchen deutlich. Kiel des Scutellum stark entwickelt und gekörnt. Granulirung an den Brustseiten und an den Beinen ganz ähnlich wie bei *marginata* F., nur etwas stärker. Flügel und Abdomen gleichfalls ganz ähnlich; die Connexiva der ersten drei Segmente hinten etwas eckig vortretend; viertes Segment unvermittelt und sehr stark verbreitert, einfach eckig vorgezogen. Gelbbraun, mit sehr breiter dunkelbrauner Binde über die Mitte des Hinterleibes, die sich auch auf die Ventralseite fortsetzt; ausserdem sind auch einige Flecken der Connexiva, die Oberseite des Prothorax und ein Theil der Brustseiten dunkel. Beine licht, ebenso die Fühler mit Ausnahme des Endgliedes. 7 Mm.

1 ♂ aus der Sammlung Signoret's (Wiener Museum), die Type von Guérin und Stål, und 1 ♂ aus dem Stockholmer Museum, von Stål bestimmt. Beide Exemplare stammen aus Cuba. Das ♀ ist mir bis jetzt nicht bekannt.

13. *Phymata angulata* Uhler.

Taf. V, Fig. 6; Taf. VIII, Fig. 26; Taf. IX, Fig. 14.

! *Phymata angulata* Uhler, Proc. Zool. Soc. Lond., 204, 1894.

♂. Kopf (Taf. VIII, Fig. 26) länger als bei den zwei vorhergehenden Arten, von oben gesehen 1½ mal so lang als breit; die Schläfen scheinbar weniger vorgequollen, der Stirnfortsatz stärker vorspringend und gegabelt. Viertes Fühlerglied (Taf. IX, Fig. 14) mehr als 1½ mal so lang als das zweite und dritte zusammen. Seitenränder des Pronotum sehr tief und scharf ausgeschnitten, hinter dem Ausschnitte in zwei auffallend grosse Zacken ausgezogen, die nach aussen und oben gerichtet sind. Kiele deutlich, nicht in Höcker ausgezogen, Läppchen am Hinterrande deutlich. Scutellum kurz, breit dreieckig, mit sehr stark entwickeltem granulirten Kiel. Prothorax vorn und an den Rändern gekörnt, hinten grob punktirt. Ecken der Vorderbrust bewehrt, Meso- und Metapleuren auf der Fläche nicht granulirt. Vorderbeine kräftig, im Verhältniss etwas grösser als bei *marginata*, die Coxen bewehrt, die Schenkel aussen gewölbt, schwach granulirt. Mittel- und Hinterschenkel mässig gekörnt, unten leicht gezähnt. Corium mit einzelnen Körnern. Membran braun, mit braunen, stellenweise anastomosirenden Adern. Hinterleib ähnlich geformt wie bei *Ph. marginata*, doch ist auch schon das Connexivum des dritten Segmentes etwas mehr verbreitert, sowie die zwei vorhergehenden hinten etwas spitz ausgezogen, Connexivum des vierten Segmentes sehr stark erweitert, nach hinten spitz vorgezogen, jenes des fünften Segmentes etwas bogenförmig vortretend; Hinterende sehr leicht ausgebuchtet. Ventralplatten mit feiner, einfacher Mittelfurche, zerstreut granulirt. Grundfarbe gelbbraun, Hinterleib mit breiter dunkelbrauner Binde, die auch auf die Ventralseite übergreift und oben einen lichten Fleck einschliesst. Connexiva mit einigen dunklen Flecken. Corium mit weisslichen und dunklen Flecken. 5—6 Mm.

Auch *Ph. angulata* ist eine insulare Form, und ihr Verbreitungsgebiet scheint auf die südlichsten Windward-Inseln Grenada und St. Vincent beschränkt zu sein.

Ich untersuchte eines von den männlichen Exemplaren von Grenada, nach denen Uhler die Art beschrieb und welches ich durch Tausch aus dem Britisch-Museum erhielt, ferner ein mir durch Herrn Champion zugeschicktes ♂ von St. Vincent.

14. *Phymata Distanti* n. sp.

Taf. IV, Fig. 9; Taf. IX, Fig. 15

♀. Ganz auffallend breit gebaut. Kopf ungefähr um $^1/_3$ länger als breit, Stirnfortsatz verhältnissmässig klein und wenig vorragend, gegabelt. Ober den Ocellen steht je eine starke dunkle Warze. Fühler (Taf. IX, Fig. 15) sehr schlank, das vierte Glied um 1_4 kürzer als das zweite und dritte zusammen. Thorax ganz auffallend erweitert, das Pronotum doppelt so breit als lang, oben stark concav; comprimirte Seitenränder tief und scharf ausgeschnitten, hinter dem Ausschnitte mächtig, fast flügelartig erweitert, stark aufgebogen und an der Seitenecke fast horizontal abgestutzt. Läppchen des Hinterrandes kaum angedeutet, Kiele fast verwischt. Scutellum breit dreieckig, sein Längskiel verwischt. · Vordere Partie des Pronotum fein granulirt, die hintere nicht deutlich punktirt, mit verschwommenen undeutlichen Querrunzeln. Ecken der Vorderbrust stark bewehrt. Brustseiten auf der Fläche nur sehr fein und schütter granulirt. Vorderbeine im Verhältniss zum Körper auffallend klein, ihre Coxe weder gekörnt noch bewehrt, der Schenkel dick, stark gewölbt, nur oben mit einer Reihe deutlicher Körnchen besetzt. Mittel- und Hinterschenkel undeutlich granulirt, unten deutlich bewehrt. Corium nicht granulirt, Membran hyalin, ebenso die nicht netzartig verschlungenen Adern. Hinterleib sehr breit, fast rhombisch, die ersten drei Connexiva allmälig erweitert und hinten nicht in deutliche Spitzen ausgezogen; Connexivum des vierten Segmentes nach hinten etwas eckig vorgezogen, fünftes und sechstes Segment ganzrandig, Hinterende nicht ausgebuchtet. Licht braungelb, Ecken des Hinterleibes und des Thorax etwas mehr gebräunt. 10·5 Mm.

Ph. Distanti ist von allen anderen Phymaten sehr leicht zu unterscheiden. Ich beschreibe sie nach einem einzelnen ♀ aus Jamaica, Eigenthum des Herrn W. L.

Distant, dessen Sammlung mir in freundlichster Weise zur Verfügung gestellt wurde. Als Zeichen meiner Erkenntlichkeit sei ihm diese interessante Art gewidmet.

15. *Phymata integra* Westwood.

Taf. V, Fig. 2; Taf. IX, Fig. 23.

! *Phymata integra* Westwood, Trans. Ent. Soc. Lond., III, 22, Taf 2, Fig. 1, 1843.

♀. Kopf ungefähr um $^1/_3$ länger als breit. Stirnfortsatz klein und schmal, nicht über das Ende des ersten Fühlergliedes hinausreichend, am Ende gespalten, ober und vor den Ocellen mit kleinen Dornhöckerchen. Augen klein und schwach gewölbt. Fühler sehr dünn und lang, ihr zweites und drittes Glied fast gleich, das vierte schlank und etwas länger als die zwei vorhergehenden zusammen. Pronotum verhältnissmässig lang, kaum um $^1/_4$ breiter als lang, nicht steil ansteigend, von der Seite gesehen erscheint es sanft und gleichmässig gewölbt; comprimirte Seitenkanten kaum ausgebuchtet, nur leicht geschwungen, die Seitenecken kaum hervorragend, weder aufgebogen noch ausgeschnitten; Kiele von der Mitte bis zum Hinterrande deutlich, einfach gebildet und nicht in Höcker emporgezogen; Läppchen am Hinterrande deutlich. Scutellum kurz, dreieckig, gut gerandet, mit einem starken glatten Mittelkiel. Ecken der Vorderbrust kaum bewehrt, nur granulirt. Pronotum nur an den Rändern mit einigen Körnern, sonst fast glatt, in der hinteren Partie mit schwach ausgeprägter gröberer Punktirung. Brustseiten beinahe ganz glatt, nur an den Grenzen der einzelnen Felder etwas granulirt. Corium nicht mit Körnchen besetzt, im Costalfelde ohne Queradern; Membran schwach tingirt, ihre Adern nicht netzartig verschlungen. Vorderbeine auffallend stark und dick, die Coxen kurz, eiförmig, nur vorne an der Basis mit einem Dörnchen; Vorderschenkel sehr dick, weniger wie doppelt so lang als breit und kaum granulirt. Mittelund Hinterbeine im Vergleiche zur Grösse des Körpers kurz, ihre Schenkel unten etwas gezähnelt, kaum gekörnt. Hinterleib sehr gross und breit, im Umrisse fast birnförmig; die Connexiva ganzrandig, weder ausgebuchtet noch spitz vorragend; Bauchplatten in der Mitte ohne Furche; Hinterende nicht ausgebuchtet. Der ganze Körper ist kahl und einfärbig röthlich gelbbraun. 11—12 Mm.

Ich untersuchte die Type Westwood's aus dem Pariser Museum, ein Exemplar weiblichen Geschlechtes, ohne Fundortsangabe, und zwei mit diesem Exemplare vollkommen übereinstimmende Weibchen aus Brasilien, Eigenthum des Wiener Hofmuseums.

Ph. integra Westw. ist wohl mit *erosa* L. ziemlich nahe verwandt, unterscheidet sich aber von allen Subspecies derselben hinlänglich, um sie als eigene gute Art betrachten zu können. Erst nach dem Bekanntwerden des männlichen Geschlechtes kann über die systematische Stellung endgiltig entschieden werden.

16. *Phymata maculipennis* n. sp.

Taf. VIII, Fig. 22, 25; Taf. IX, Fig. 17.

Ziemlich gedrungen gebaut. Kopf um $^1/_3$ länger als breit; von oben gesehen sind Schläfen und Genae nicht stark vorgequollen; Stirnfortsatz gegabelt, das Ende des ersten Fühlergliedes stark überragend; Oberseite des Kopfes flach, die Höcker ober den Ocellen nicht sehr auffallend. Fühler dünn und schlank, ihr zweites und drittes Glied sehr dünn, das letztere etwas länger als ersteres; viertes Glied beim ♀ fast so lang als die zwei vorhergehenden zusammen, beim ♂ (Taf. IX, Fig. 17) fast ganz wie beim ♀, nur etwas dicker. Thorax hoch gewölbt, mit sehr starken, besonders im weiblichen Geschlechte fast dachförmig erhabenen Längskielen, die von hinten gesehen höher emporragen als die Seitenecken; Seitenränder in der Mitte sehr tief und scharf ausgeschnitten, vor dem Ausschnitte mehr (♀) oder weniger (♂) deutlich zweibuchtig. Der hintere Theil des Seitenrandes ist gleichfalls doppelt flach ausgebuchtet und erscheint dadurch zweispitzig; er ist beim ♀ fast gerade nach aussen gerichtet, beim ♂ etwas mehr aufgebogen. Läppchen des Hinterrandes gut entwickelt. Scutellum mit stark erhabenem und dicht granulirtem Mittelkiel. Ecken der Vorderbrust bewehrt. Vorderhüften an der Vorderseite mit Dörnchen besetzt, die Schenkel, ähnlich wie bei *Ph. erosa* L., dick und kurz, hauptsächlich an der oberen Kante granulirt, auf der Fläche fast glatt. Mittel- und Hinterschenkel spärlich gekörnt, unten etwas gezähnt. Corium schütter, mit feinen Körnchen besetzt; Membran hyalin, gegen die Basis zu mit einem dunklen Fleck, ihre Adern hyalin, im Bereiche des dunklen Fleckes dunkel, nicht netzartig verschlungen. Hinterleib sehr breit, viel breiter als der Thorax. Hintere Ecken der vier ersten Connexiva etwas vortretend, nicht in scharfe Spitzen ausgezogen und vom ersten bis zum vierten Segmente allmälig erweitert. Hinterende nicht ausgebuchtet, die einzelnen Connexiva ganzrandig. Bauchplatten des ♂ mit deutlicher und feiner, einfacher Mittelfurche, jene des ♀ nur mit der Andeutung einer solchen. Kopf reichlich gekörnt; Thorax auf der ganzen Oberfläche sehr fein granulirt, ebenso an den Seiten; die hintere Hälfte des Pronotum ist namentlich im weiblichen Geschlechte ganz besonders grob und tief unregelmässig punktirt. Connexiva zerstreut granulirt. Grundfarbe gelb, Thorax, mit Ausnahme der vorderen Partie, oben und unten braun, ebenso ein breites Band quer über die Dorsalseite des Hinterleibes und Seitenflecken an dessen Ventralseite. Corium braun, mit gelben Flecken. Endglied der Fühler braun, die anderen Glieder sowie die Beine gelb. 6—7 Mm.

Ph. maculipennis ist mit *erosa* L. sehr nahe verwandt, aber, wie mir scheint, durch den verschiedenen Thorax und die hyaline Membran mit ihrem dunklen Basalfleck hinlänglich unterschieden.

Ich untersuchte 3 Exemplare aus Brasilien, und zwar 1 ♂ aus Itaituba (Coll. Montandon), 1 ♀ aus dem Pariser Museum ohne nähere Bezeichnung und 1 ♀ aus dem Stockholmer Reichsmuseum mit der Bezeichnung Brasilien »Stål«, aber ohne Namen.

17. *Phymata erosa* Linné.

Cimex erosus Linné, Syst. Nat., X, 443, 1758.
»   »   Sulzer, Kennzeichen der Ins., Tafelerkl. 27 (nec fig.) 1761.
»   »   Linné, Syst. Nat., XII, 718, 1767.
»   (scorpio) *oratus depressus* Degeer, Mémoires, III, 350, Taf. 35, Fig 13. 1773.
»   *erosus* Müller, Linné's Natursystem, V (1), 483, 1774.
Acanthia erosa Fabricius, Spec. Ins., II, 337, 1781.
»   »   »   Mant. Ins., II, 279, 1787.
Cimex erosus Roemer, Gen. Ins., 15 (nec figura!) 1789.
»   »   Gmelin, Syst. Nat., XIII, I (4), 2126, 1789.
Acanthia erosa Wolff, Icones., Fasc. 3, 89, Taf. 9, Fig. 83, 1802.
{*Syrtis*   »   Fabricius, Syst. Rhyng., 121, 1803.
{   » *carinata*   »   »   122.   »
Phymata erosa Latreille, Hist. Nat., XII, 245, 1804.
»   »   Lamarck, Hist. Nat., III, 507, 1816.
Syrtis   »   Latreille, Tabl. Encycl. Méth., Taf. 374, Fig. 6. 1818.
Phymata   »   St. Fargeau et Serville, Encycl. Méth., X, 120, 1825.
Syrtis fasciata Gray in Griffith, Class. Ins., II, 242, Taf. 93, Fig. 3, 1832.

Discomerus erosus Laporte, Essai, Taf. 51, Fig. 4, 1832.
Phymata erosa Westwood, Trans. Ent. Soc. Lond., III, 21, Taf. 2, Fig. 3, 1843.
»   »   Guérin, Iconogr., Taf. 56, Fig. 12, 1843.
»   »   Amyot et Serville, Hist. Nat., 290, 1843.
»   »   Herrich-Schäffer, Wanzen, Taf. 222, Fig. 694, 1844.
»   *carinata* Blanchard, Gay's Hist. de Chile, VII, 207, Taf. 2, Fig. 12, 1852.
Syrtis (Phymata) erosa Guérin, Sagra's Hist. Cuba, 406, 1857.
! *Phymata fasciata* Stål, Rio Jan. Hemipt., 59, 1860.
!   »   *carneipes* Mayr, Verh. zool.-bot. Ges. Wien, XV, 442, 1865.
»   *erosa* Sanborn, Amer. Nat., I, 329. Fig. 5, 1867.
!   »   *carinata* Stål, Hemiptera Fabric., I, 93, 1868.
»   *erosa* (L.) Stål, Enumeratio, V, 133, 1876.
»   »   (Guér.), Stål, ibid., 133, 1876.
!   »   *fasciata* Stål, ibid., 133, 1876.
!   »   *Wolffi* »   »   »   »
!   »   *erosa* (H.-S.) Stål, ibid., 133, 1876.
!   »   *breviceps* Stål, ibid., 133, 1876.
!   »   *acutangula* Stål, ibid., 133, 1876.
!   »   *carinata* Berg, Hem. Argent., 141, 1879.
?   »   *fasciata* »   ibid., 142, 1879.
»   *erosa* Cook, Canad. Ent., XI, 18, 1879.
»   *Guérini* Lethierry et Severin, Catal., III, 28, 1896.

In Bezug auf Grösse, Gestalt, Färbung und Sculptur ausserordentlich variabel. Kopf mehr oder minder kurz, von oben gesehen immer wenigstens etwas länger als breit, nie mehr als $1\frac{1}{2}$ mal so lang als breit. Stirnfortsatz mehr oder weniger weit vorragend, oft kaum über das Ende des ersten Fühlergliedes hinausreichend, oft wieder viel weiter und dann meistens sehr deutlich gegabelt. Oberseite des Kopfes mit deutlicher Längsfurche, ober und vor den Ocellen meistens mit deutlichen dornigen Höckerchen. Fühler etwas variabel, ihr zweites und drittes Glied fast gleich, das dritte nur wenig länger, das vierte beim ♂ je nach der Subspecies verschieden lang, im Minimum um $\frac{1}{4}$ kürzer als die zwei vorhergehenden zusammen, im Maximum $1\frac{1}{2}$ mal so lang als diese zwei Glieder. Im weiblichen Geschlechte ist das vierte Glied immer etwas kürzer als die zwei vorhergehenden, meistens sogar um $\frac{1}{4}-\frac{1}{3}$ kürzer. Thorax scheinbar sehr verschieden gestaltet, aber immer gleich geformt, wenn man von den gelappten und ausgebuchteten Seitenrändern absieht. Das Pronotum steigt nach hinten immer stark an und trägt stets zwei deutliche, nach hinten divergente und in der Regel bis zum Endrande reichende Kiele. Hinterrand immer mit deutlichen Läppchen. Seitenränder nur selten schwach, meistens sehr stark comprimirt und erweitert, mehr oder minder stark ausgeschnitten, der Theil hinter dem Ausschnitte in verschiedenem Masse aufgebogen und an den Ecken mehr oder weniger stark ausgebuchtet oder in Spitzen ausgezogen. Scutellum immer spitz dreieckig, mit gut entwickeltem, oft mächtigem Mittelkiel. Ecken der Vorderbrust immer bewehrt. Vorderschenkel etwas variabel, $1\frac{3}{4}-2\frac{1}{3}$ mal so lang als breit, immer aber im Verhältniss zum Körper kurz und dick, aussen stark gewölbt. Mittel- und Hinterschenkel unten etwas gezähnelt. Corium im Costalfelde ohne Queradern, Membran mehr oder weniger beraucht, mit zahlreichen, nicht durch Queradern netzartig verbundenen bräunlichen Längsadern. Hinterleib mehr oder weniger breit. Die Connexiva meistens ganzrandig, höchstens an den drei bis vier ersten Segmenten hinten in kleine Spitzen vorgezogen. Der Hinterleib wird bis zum vierten Segmente ziemlich gleichmässig breiter und ist hinten abgerundet, nie ausgeschnitten. Die Ventralplatten in beiden Geschlechtern mit feiner, einfacher Mittelfurche. Granulirung sehr verschieden, ebenso die Punktirung der hinteren

Hälfte des Pronotum. Grundfarbe gelb, bisweilen mehr grünlich oder bräunlich; die dunklen Zeichnungen sehr verschieden und auch innerhalb einer Subspecies meistens sehr variabel. Manchmal (namentlich bei weiblichen Individuen) ist fast der ganze Körper licht, manchmal der grösste Theil schwarz oder dunkelbraun (♂). In der Regel ist die hintere Partie des Thorax und ein breites Querband über die Mitte des Hinterleibes dunkel. Nur bei einigen Unterarten treten am Rande und in der vorderen Partie des Thorax deutliche kurze Börstchen auf. Die Grösse variirt zwischen 6 und 12 Mm.

So lange ich noch verhältnissmässig wenige Exemplare vor mir hatte, schien es leicht, dieselben in mehrere Arten zu vertheilen. Mit dem Anwachsen des Materiales verwischten sich aber die ursprünglich scharf gezeichneten Grenzen zwischen diesen »Arten« immer mehr. Trotzdem wäre es gewiss unrecht, *Ph. erosa* L. als eine einfache variable Art hinzustellen, denn es bleibt immerhin die Möglichkeit, gewisse Formen innerhalb der Art zu charakterisiren. Ich nenne diese Formen Subspecies. Freilich bleiben immer einzelne Individuen übrig, bei denen man nicht recht sagen kann, zu welcher Subspecies sie gehören. Die Seltenheit dieser vermittelnden Formen beweist wohl, dass die Trennung in mehrere Arten angebahnt, aber nicht vollendet ist. Von Interesse scheint auch der Umstand zu sein, dass sich gewisse Variationen, wie die stärkere Erweiterung und Ausbuchtung der Seitenränder des Prothorax, bei mehreren Subspecies wiederholen. Einzelne von den Subspecies, die ich unterscheide, könnten auch als locale Racen bezeichnet werden, andere aber kommen in demselben Gebiete beisammen vor. Ich will auch keineswegs behaupten, die von mir angenommenen Subspecies seien alle gleichwerthig. Obwohl ich Hunderte von Exemplaren untersucht, gezeichnet, gemessen und verglichen habe, war ich doch nicht im Stande, diese Fragen endgiltig zu lösen, doch hoffe ich, meine Untersuchungen werden immerhin einige Ordnung in das Chaos bringen und einem späteren, mit noch reicherem und rationeller gesammeltem Materiale, schärferem Blick und mehr Geduld ausgestatteten Bearbeiter einige Mühe und Vorarbeit ersparen.

Ph. erosa L. s. l. ist über ganz Nord- und Südamerika, mit Ausnahme der kälteren Gebiete, verbreitet und scheint häufig zu sein.

a) *Ph. erosa*, subspec. *fasciata* Gray.

Taf. V, Fig. 8; Taf. VIII, Fig. 29; Taf. IX, Fig. 21, 22.

? *Acanthia erosa* Wolff, Icones, Fasc. 3, 89, Taf. 9, Fig. 83, 1802.
? *Syrtis* » Latreille, Tabl. Encycl., Taf. 374, Fig. 6, 1818.
Phymata » St. Fargeau et Serville, Encycl. Méth., X, 120, 1825 pp.
Syrtis fasciata Gray in Griffith, Class. Ins., II, 242, Taf. 93, Fig. 3, 1832.
? *Phymata erosa* Westwood, Trans. Ent. Soc. Lond., III, 21, Taf. 2, Fig. 3, 1843.
! » » Guérin, Iconogr., Taf. 56, Fig. 12, 1843.
? » » Amyot et Serville, Hist. Nat., 290, 1843.
» » » Herrich-Schäffer, Wanzen, Taf. 222, Fig. 694, 1844.
» » » Sanborn, Amer. Nat., I, 329, Fig. 5, 1867.
!! » *Wolffi* Stål, Enumeratio, V, 133, 1876 pp.
! » *erosa* (H.-S.) Stål, ibid., V, 133, 1876.
» » » Cook, Canad. Ent., XI, 18, 1879.

Kopf (Taf. VIII, Fig. 29) ziemlich lang, von oben gesehen immer viel länger als breit. Stirnfortsatz immer deutlich über das Ende des ersten Fühlergliedes hinausragend, am Ende getheilt, oben mit deutlicher Mittelfurche und gut entwickelten, dornigen Höckern ober und vor den Ocellen; weder Schläfen noch Genae erscheinen vorgequollen. Fühler etwas variabel, das vierte Glied des ♂ (Taf. IX, Fig. 21) selten und dann höchstens um ^{1} seiner Länge kürzer als die zwei vorhergehenden zusammen, meistens fast ebenso lang wie diese. Im weiblichen Geschlechte (Taf. IX, Fig. 22) ist das vierte Glied in der Regel um $^1/_4$, seltener um $^1/_3$ kürzer als das zweite und dritte zusammen. Pronotum nach hinten stark ansteigend, durchschnittlich um $^1/_4$ breiter als lang. Längskiele mehr oder minder deutlich, oft auch sehr undeutlich in Höcker ausgezogen. Comprimirte Seitenränder in der Mitte immer deutlich tief ausgebuchtet, dahinter in verschiedenem Grade erweitert, aufgebogen und manchmal etwas vorgezogen; Seitenecken in zwei Spitzen ausgezogen. Mittelkiel des Scutellum gut entwickelt, aber nicht wulstig oder knopfartig und immer deutlich granulirt. Pleuren auf der Fläche nicht deutlich, an den Rändern dagegen sehr deutlich gekörnt. Vorderschenkel dick, kaum doppelt so lang als breit, meist nicht sehr stark granulirt, Mittel- und Hinterschenkel mittelmässig granulirt. Corium kaum oder nur spärlich mit Körnchen besetzt, Membran intensiv gebräunt. Hinterleib immer viel breiter als der Thorax, die hinteren Ecken der Connexiva an den drei ersten Ringen oft in kleine Spitzen ausgezogen. Connexiva und Ventralplatten schwach granulirt. Oberseite des Prothorax grob runzelig punktirt, an den Kanten und vorn mehr oder weniger reichlich gekörnt. Grundfarbe gelb, stellenweise etwas röthlich oder, bei frischen Exemplaren, grünlich. Dunkel — braunroth bis schwarz — sind: fast immer ein breites Band über die Mitte des Hinterleibes, seitlich über die Kante auf die Ecken der Ventralseite übergreifend, die hintere Partie des Prothorax, oft auch die vordere, manchmal sogar fast der ganze Thorax, die Basis des Coriums, manchmal auch ein Theil der Vorderbeine und einige Flecken auf den Connexiven, die Oberseite des Kopfes (meistens), ebenso fast immer das Endglied der Fühler. Es kommen oft auch ganz lichte ♂ vor, nie aber sehr dunkle ♀.

Fasciata Gray bewohnt ganz Nordamerika, mit Ausnahme der kälteren Regionen und der westlich des Felsengebirges und nördlich von Californien gelegenen Theile und geht auch weit südlich nach Centralamerika. Ich untersuchte eine sehr grosse Zahl (über 300!) aus den verschiedensten Theilen des Verbreitungsgebietes: Colorado, Canada, Virginia, Baltimore, Südcarolina, Wisconsin, Jowa, Minnesota, Indiana, Georgia, Missouri, Texas, Louisiana, New-Orleans, Mississippi, New-Mexico, Florida, Californien, Mexico, Guatemala.

Am schönsten entwickelt sind die Exemplare aus Colorado, und dort scheint diese Subspecies auch am häufigsten zu sein. Die Individuen aus dem südlichen Theile des Verbreitungsgebietes, also aus Guatemala und Mexico, haben fast ausnahmslos den Rand des Prothorax stärker entwickelt, mehr gelappt oder zackig und den Hinterleib stärker verbreitert; ähnliche Exemplare finden sich jedoch auch in Georgia, Louisiana, New-Orleans und Texas.

Wohl alle biologischen Notizen über *Ph. erosa*, die in der nordamerikanischen Literatur enthalten sind, beziehen sich auf die Subspecies *fasciata* Gray. *Ph. erosa* Wolff kann sich auf diese oder die nächste Subspecies beziehen, *erosa* Latr., 1818, vielleicht auch auf eine südamerikanische Subspecies. *Erosa* St. Farg. et Serv. ist *fasciata* + *communis* m.

Gray's Abbildung lässt diese Subspecies ganz gut erkennen, und ich habe deshalb den Namen *fasciata* Gray beibehalten; Stål's *fasciata* bezieht sich auf eine Form aus Südamerika. Was Westwood unter *erosa* versteht, lässt sich ohne Typen nicht nachweisen, denn er sagt nichts über den Fundort seiner Exemplare, und seine Abbildung des Fühlers passt auf mehrere Subspecies. Guérin's Abbildung bezieht sich wohl auf *fasciata*, denn ich habe ein von ihm bestimmtes Exemplar dieser Subspecies (aus New-Orleans) vom Pariser Museum bekommen. Ebendort wird auch ein von

Fabricius als *erosa* bestimmtes Exemplar aus Carolina (Coll. Bosc.) aufbewahrt, welches zu *fasciata* Gray gehört. In seinen Publicationen gibt aber Fabricius Surinam als Fundort an und wir können daher das Pariser Exemplar nicht als Type betrachten. Amyot's *erosa* ist entweder *fasciata* Gray oder *pensylvanica* m., Herrich-Schäffer's *erosa* jedenfalls *fasciata* Gray und Stål's *Ph. Wolffi* nach den Typen ein Gemisch von *fasciata* Gray, *pensylvanica* m. und *granulosa* m.

b) *Ph. erosa,* subspec. *pensylvanica* m.

Taf. VIII, Fig. 10; Taf. IX, Fig. 19, 20.

? *Acanthia erosa* Wolff, Icones, Fasc. 3, 89, Taf. 9, Fig 83, 1802.
? *Syrtis* » Latreille, Tabl. Encycl. Méth., Taf. 374, Fig. 6, 1818.
? *Phymata* » Amyot et Serville, Hist Nat, 290, 1843.
! » *Wolffi* Stål, Enumeratio, V, 133, 1876 pp.

Mit der Subspecies *fasciata* Gray sehr nahe verwandt, im Allgemeinen aber etwas kleiner und schlanker. Kopf und Thorax (Taf. VIII, Fig. 10) sind ganz ähnlich, die Fühler aber entschieden schlanker. Das vierte Glied des ♂ (Taf. IX, Fig. 19) ist fast $1\frac{1}{2}$ mal so lang als das zweite und dritte zusammen, bei weiblichen Individuen (Taf. IX, Fig. 20) ist es fast so lang als diese zwei Glieder. Die Pleuren sind wie bei *fasciata* Gray fast glatt, der Kiel des Scutellum mässig entwickelt und deutlich granulirt. Färbung ganz ähnlich wie bei *fasciata* Gray. 9—11 Mm.

Diese Subspecies bewohnt hauptsächlich den nordöstlichen Theil der Vereinigten Staaten. Ich untersuchte ungefähr 100 Exemplare aus Pensylvanien, Lancaster, Washington, Long-Island, New-York, Buffalo, Connecticut und einzelne Stücke aus Missouri, Indiana, Illinois und Florida. Die letzteren nähern sich in Bezug auf die Fühlerbildung schon etwas mehr der Subspecies *fasciata* Gray und haben, so wie die südlicheren Exemplare jener Subspecies, auch einen stärker gelappten Thorax und breiteres Abdomen.

Man kann die Subspecies *pensylvanica* m. nicht einfach als eine typische Localform bezeichnen, denn sie kommt mit *fasciata* Gray in manchen Gegenden gemeinsam vor.

Wolff's *Ac. erosa* bezieht sich entweder auf *fasciata* Gray oder *pensylvanica* m., Latreille's *Syrtis erosa* kann auch auf irgend eine südliche Subspecies bezogen werden, und Stål hat unter *Ph. Wolffi fasciata* Gr., *pensylvanica* m. und *granulosa* m. zusammengefasst.

c) *Ph. erosa* subspec. *granulosa* m.

Taf. VIII, Fig. 11.

! *Phymata Wolffi* Stål, Enumeratio, V, 133, 1876 pp.

Sehr ähnlich gebaut wie Subspecies *fasciata*, meist etwas gedrungener als die Mehrzahl der Individuen dieser Form. Der Kopf ist ganz ähnlich wie bei *fasciata* Gray und *pensylvanica* m., meistens unbedeutend kürzer, die Fühler fast ganz wie bei *fasciata* Gray, ihr Endglied meistens noch etwas kürzer, also viel kürzer als bei *pensylvanica* m. Thorax ganz ähnlich wie bei *fasciata* Gray, bei der Mehrzahl der Exemplare etwas gedrungener (Taf. VIII, Fig. 11) und so wie bei den breitesten Stücken jener Subspecies. Die Pleuren sind immer auf der ganzen Fläche grob granulirt, die Vorderschenkel stark gekörnt und meistens mit deutlichen Börstchen besetzt; Pronotum vorn und namentlich an den Seitenrändern stark granulirt, häufig mit kleinen

Börstchen besetzt. Auch bei dieser Subspecies gibt es, wie erwähnt, Exemplare mit mehr oder weniger stark verbreitertem Thorax und Abdomen. Färbung ähnlich wie bei *fasciata*, meist nicht so hell. 8—12 Mm.

Eine ausschliesslich centralamerikanische Form, aber doch nicht als Localrace aufzufassen, weil sie mit den südlichen Exemplaren der *fasciata* Gray und einigen anderen Subspecies an denselben Orten vorkommt. Ich untersuchte ungefähr 200 Exemplare aus Orizaba, Guanajuato, Cornuvacca und vielen anderen Orten Mexicos.

Wie schon erwähnt, hat Stål ausser den zwei vorhergehenden Formen auch Exemplare von *granulosa* m. als *Ph. Wolffi* bestimmt.

d) *Ph. erosa* L. subspec. *Guérini* Leth. et Severin.

Taf. VIII, Fig. 12, 28.

Syrtis (Phymata) erosa Guérin, Sagra's Hist. Cuba, 406 (exclus. var.), 1857.
[*Phymata erosa* (Guér) Stål, Enumeratio, V, 133, 1876.
[! » *acutangula* Stål, Enumeratio, V, 133, 1876.
» *Guérini* Lethierry et Severin, Catal., III, 28, 1896.

Der Subspecies *granulosa* m. sehr nahestehend und ähnlich, aber etwas schlanker. Kopf kürzer, nur wenig länger als breit (Taf. VIII, Fig. 28), der Stirnfortsatz kaum vortretend und kleiner, die Schläfen und Genae daher, von oben gesehen, deutlicher hervortretend. Fühler ganz ähnlich wie bei *granulosa* m., beim ♂ das vierte Glied etwas kürzer als das zweite und dritte zusammen, beim ♀ um $^1/_2$ kürzer als diese zwei Glieder. Pronotum (Taf. VIII, Fig. 12) ähnlich wie bei *granulosa* m., seine Seitenränder stark und tiefer ausgeschnitten, hinter dem Ausschnitte sehr stark aufgebogen und in zwei sehr scharfe Spitzen ausgezogen. Kiele stark entwickelt, etwas höckerartig vortretend. Der ganze Thorax sowie der Kopf sehr rauh, stark granulirt und namentlich an den Seitenkanten reichlich mit kleinen kurzen Börstchen besetzt. Mesopleuren auf der ganzen Fläche rauh, grob und dicht gekörnt. Kiel des Scutellum stark erhaben, sehr rauh granulirt. Hinterleib sehr scharf eckig, im Ganzen ähnlich gebaut wie bei *fasciata* Gray, die ersten drei Connexiva meistens in kleine Spitzchen ausgezogen. Membran stark beraucht. Beine reichlich granulirt, sehr rauh; Vorderschenkel dick, kaum doppelt so lang als breit. Färbung ganz ähnlich wie bei *granulosa* m., respective bei *fasciata* Gray, variabel. 8—10 Mm.

Im Ganzen sah ich 16 Exemplare dieser Form aus den Sammlungen der Museen in Wien, Berlin, Stockholm und des Herrn Noualhier, darunter einige von Stål als *acutangula* Guérin bestimmte. Alle Exemplare stammen aus Cuba, und man könnte daher diese Form als eine insulare Localrace bezeichnen; bis jetzt ist wenigstens keine andere Form der *erosa* aus Cuba bekannt geworden.

Es wundert mich sehr, dass Stål diese Subspecies als *acutangula* Guérin gedeutet hat, denn sie stimmt gar nicht mit Guérin's Beschreibung dieser Art überein, dagegen aber ganz gut mit jener der cubanischen Exemplare von *erosa* Guérin. Was Guérin von einer Varietät der *erosa* aus Nordamerika sagt, bezieht sich auf *fasciata* Gray.

e) *Ph. erosa* L. subspec. *Severini* m.

Taf. VIII, Fig. 13, 31.

Kleiner und entschieden schlanker, zarter gebaut als die vorhergehenden Unterarten. Kopf (Taf. VIII, Fig. 13) ähnlich wie bei *fasciata* Gray, der Stirnfortsatz immer deutlich vorragend und meistens am Ende deutlich getheilt. Viertes Fühlerglied des ♂ ungefähr um $1\frac{1}{4}$ kürzer als die zwei vorhergehenden Glieder zusammen, beim ♀ entsprechend kürzer. Prothorax etwas flacher als bei *fasciata* Gray, seine Kiele deutlich, aber nicht stark höckerig; Seitenkanten mit deutlichem, tiefem Ausschnitt, dahinter lappig abgerundet, etwas aufgebogen und in der Regel an der seitlichen Ecke in eine kurze undeutliche Spitze ausgezogen. Mittelbrustseiten reichlich und sehr unregelmässig, aber fein granulirt. Scutellum mit granulirtem, verhältnissmässig schwach entwickeltem Kiel. Corium sehr schütter gekörnt, Membran leicht gebräunt. Vorderschenkel länger als bei den meisten anderen Formen von *erosa* L., $2\frac{1}{4}$ mal so lang als breit, ebenso wie die übrigen Schenkel sehr deutlich granulirt. Hinterleib ähnlich geformt wie bei *fasciata* Gray, bis zum vierten Segmente allmälig verbreitert. Connexiva der ersten Segmente hinten oft in Spitzchen ausgezogen. Pronotum in der vorderen Partie zerstreut granulirt, in der hinteren ganz besonders grob und scharf runzlig punktirt. Färbung mehr oder minder dunkelgelb; über die Mitte des Hinterleibes zieht eine breite dunkle Binde, welche oft auf die Ventralseite übergreift und häufig lichte Flecken einschliesst; ausserdem ist die Oberseite des Thorax, des Kopfes, selten auch ein Theil der Beine und der Brustseiten verdunkelt. An den Connexiven treten gleichfalls hie und da dunkle Flecken auf. Corium gelb, an der Basis und oft auch am Ende verdunkelt. Bei den männlichen Individuen sind die Zeichnungen meist sehr dunkelbraun oder schwarz, bei den weiblichen lichtbraun. 6—7 Mm. Auch *Severini* m. variirt in Bezug auf die Breite des Thorax und der Hinterleibsränder.

Ungefähr 40 Exemplare aus Centralamerika: Mexico (Guanajuato, Cuernavacca), Panama, Guatemala. Ich widme diese Subspecies Herrn G. Severin, durch dessen gütige Vermittlung ich die ersten Exemplare aus dem Brüsseler Museum erhielt.

f) *Ph. erosa* L. subspec. *parva* m.

? *Cimex erosus* Linné, Syst. Nat., X, 443, 1758.
? » » Sulzer, Kennz. d. Ins, 27 (nec figura!), 1761.
? » » Linné, Syst. Nat., XII, 718, 1767.
? » (scorpio) ovat. depress., Degeer. Mémoires, III, 350, Taf. 35, Fig. 13, 1773.
? » *erosus* Müller, Linné's Natursystem, V (1), 483, 1774.
? *Acanthia erosa* Fabricius, Spec. Ins., II, 337, 1781,
? » » » Mant. Ins., II, 279, 1787.
? *Cimex erosus* Roemer, Gen. Ins., 15 (nec figura!), 1789.
? » » Gmelin, Syst. Nat., XIII. I (4), 2126, 1789.
? *Syrtis erosa* Fabricius, Syst. Rhyng., 121, 1803.
? *Phymata erosa* Latreille, Hist. Nat., XII, 245, 1804.
? » » Lamarck, Hist. Nat., III, 507, 1816.
? » » St. Fargeau et Serville, Encycl., X, 120, 1825.
? *Discomerus erosus* Laporte, Essai, Taf. 51. Fig. 4, 1832.
? *Phymata erosa* Westwood, Trans. Ent. Soc. Lond., III, 21, Taf. 2, Fig. 3, 1843.
? » » (L.) Stål, Enumeratio, V, 133. 1876.

Unter dem Namen *parva* m. vereinige ich ungefähr 100 Exemplare aus verschiedenen Theilen Centralamerikas und des nördlichen Südamerika. Ich glaube selbst nicht, dass man hier von einer einheitlichen Subspecies reden kann, denn ein Theil meiner Exemplare nähert sich mehr der Subspecies *Severini* m., ein anderer Theil mehr der *carneipes* Mayr, *parviceps* m., *cinnamomea* m. und *bogotana* m. Es ist mir aber vorläufig ganz unmöglich, Grenzen aufzufinden, und ich müsste die oben genannten, verhältnissmässig gut charakterisirten Subspecies zusammenwerfen, wenn ich die Abtrennung der kleinen variablen Formen vermeiden wollte. Gerade die vorläufig unter

14*

dem Namen *parva* vereinigten Individuen scheinen mir recht klar zu beweisen, dass die grosse Art *erosa* erst in der Theilung begriffen ist und dass man daher die scheinbar gut charakterisirten Formen: *Severini, carneipes, Bogotana* etc. nicht als Species, sondern nur als Subspecies auffassen soll.

Es ist möglich, dass sich die Beschreibungen von Linné und folglich auch jene der anderen oben citirten Autoren auf meine Subspecies *parva* beziehen, denn die meisten von ihnen scheinen selbst gar keine Exemplare untersucht und nur die ersten Beschreibungen von Linné und Degeer zu ihren Diagnosen benützt zu haben. Die von Laporte und Westwood abgebildeten Exemplare gehören möglicherweise auch hieher.

Die Exemplare dieser Subspecies sind im Allgemeinen ähnlich gebaut wie *Severini* m., aber, namentlich im weiblichen Geschlechte, etwas gedrungener. Kopf meistens bei den südlicheren Exemplaren so kurz wie bei *parviceps* m. und *carneipes* Mayr, bei den nördlichen etwas länger, mehr wie bei *Severini* m., doch existirt zwischen beiden Formen keine scharfe Grenze. Der Stirnfortsatz tritt nie sehr stark, aber immer deutlich vor. Fühler ganz ähnlich wie bei *Severini* m., das vierte Glied des ♂ etwa um $^1/_4$ kürzer als die zwei vorhergehenden zusammen, im weiblichen Geschlechte entsprechend kürzer. Thorax verschieden geformt; bei den nördlichen Exemplaren mehr wie bei *Severini* m., seitlich stärker ausgeschnitten, hinter dem Ausschnitte aber meist ganz abgerundet, nicht in deutliche Spitzen ausgezogen, bei den südlicheren Formen dagegen oft mehr eckig und in der Mitte meistens nicht so tief ausgeschnitten. Seitenecken nie sehr stark vortretend und mässig aufgebogen. Scutellum immer mit deutlich granulirtem, nicht knopfartig verdicktem Mittelkiel. Pleuren bei den nördlichen Exemplaren meistens weniger granulirt, bei den südlichen meistens stärker, manchmal (Stücke aus Columbien!) sogar sehr stark. Pronotum nie so stark und grob punktirt wie bei *Severini* m., nicht so rauh wie bei *Guérini* L. et S., nicht borstig und den Pleuren entsprechend mehr oder weniger stark gekörnt. Membran schwach gebräunt. Vorderschenkel nur bei den Männchen der nördlichen Exemplare etwas mehr wie doppelt so lang als breit, sonst meistens doppelt so lang als breit oder noch kürzer. Hinterleib nicht auffallend verbreitert, an den Seiten eckig; Connexiva der ersten Segmente hinten nicht oder nur schwach spitzig vortretend. Färbung ganz ähnlich wie bei *Severini*, serh variabel. 6—8$^1/_2$ Mm.

Die von mir untersuchten Exemplare stammen aus Mexico (Orizaba, Guanajuato, Morelia etc.), Guatemala, Costarica, Columbien (Chiriqui etc.) und Venezuela.

Die mexicanischen Exemplare nähern sich mehr der Subspecies *Severini* m., jene aus Columbien und Venezuela mehr den Subspecies *carneipes* Mayr, *Bogotana* m. und *parviceps* m., doch bin ich, wie bereits erwähnt wurde, nicht in der Lage, Grenzen zwischen diesen Formen aufzustellen.

g) *Ph. erosa* L. subspec. *parviceps* m.
Taf. VIII., Fig. 16.

Auffallend kurz, dick und gedrungen gebaut.

Kopf immer verhältnissmässig klein, ähnlich wie bei *carneipes* Mayr, der Stirnfortsatz gar nicht oder wenig vortretend, dann aber deutlich gegabelt. Von oben gesehen erscheint der Kopf kaum länger als breit, mit etwas vorgequollenen Schläfen und Wangen. Dornhöcker ober den Ocellen schwach entwickelt. Fühler ähnlich wie bei den meisten anderen Subspecies; das vierte Glied des ♂ etwas kürzer als das zweite und dritte zusammen. Thorax (Taf. VIII, Fig. 16) nach hinten sehr steil ansteigend, dick; seine Kiele deutlich, aber nicht höckerartig emporgezogen, die Seitenränder schwach comprimirt, fast gerade, nur leicht geschwungen und nie deutlich ausgeschnitten, die Seitenecken schwach hervortretend, kaum oder gar nicht aufgebogen, schwach oder gar nicht ausgeschnitten. Kiel des Scutellum kräftig, nicht sehr stark granulirt. Pronotum sehr rauh, grob runzelig punktirt und reichlich gekörnt, an den Seiten oft deutlich mit Börstchen besetzt. Brustseiten dicht und grob granulirt, selten in der Mitte der Mesopleuren etwas glatter. Corium mit zahlreichen Körnchen besetzt, Membran beraucht. Vorderschenkel ungefähr doppelt so lang als breit, reichlich granulirt. Hinterleib auffallend kurz und breit, gedrungen, an den Seiten eckig. Connexiva nicht spitz ausgezogen. Färbung nicht sehr grell, meist mehr graugelb, die Querbinde des Hinterleibes bei den Männchen meistens schwarz. Thorax auch in diesem Geschlechte meistens licht, ebenso der Kopf. Nicht sehr variabel. 7—9 Mm.

Untersucht wurden 17 Exemplare (♂ und ♀) aus Cayenne, Surinam, Columbien (Bogota) und von den Antillen, Eigenthum der Museen in Paris, Berlin, Stockholm, Leiden und der Herren Distant, Montandon und Noualhier.

Subspecies *parviceps* m. ist an dem kurzen Kopf, dem einfach geformten Thorax und der gedrungenen Gestalt von allen bisher beschriebenen Unterarten leicht zu unterscheiden. Am nächsten verwandt dürfte sie mit *carneipes* Mayr sein und vielleicht mit einigen Exemplaren der *parva* m. aus Columbien, die sich jedoch immerhin ausser durch die geringe Grösse, auch durch stärker ausgerandete Thoraxseiten unterscheiden. Es ist möglich, dass Laporte ein Exemplar dieser Subspecies als *Discomerus erosus* abgebildet hat, lässt sich aber ohne Vergleich der Type nicht nachweisen.

h) *Ph. erosa* L. subspec. *carneipes* Mayr.

Taf. V, Fig. 9; Taf. VIII, Fig. 15, 30.

! *Phymata carneipes* Mayr, Verh. zool.-bot. Ges. Wien, XV, 442, 1865.
!   » *breviceps* Stål, Enumeratio, V, 133, 1876.

Aehnlich gebaut wie *parviceps* m., dick und gedrungen.

Kopf (Taf. VIII, Fig. 30) nur wenig länger als breit, Stirnfortsatz klein, wenig vorspringend und schwach gegabelt. Schläfen und Genae, von oben gesehen, scheinbar vorgequollen. Fühler ähnlich wie bei den anderen verwandten Formen, das vierte Glied (♂) etwas kürzer als das zweite und dritte zusammen. Prothorax ähnlich gedrungen und stark ansteigend wie bei *parviceps* m., in der Mitte der Seitenränder jedoch viel stärker ausgebuchtet, aber nicht scharf ausgeschnitten. Seitenecken viel stärker entwickelt als bei *parviceps* m., deutlich hervorragend und aufgebogen, meist am Ende deutlich ausgeschnitten. Längskiele stark entwickelt, meist glatt und glänzend, sowie die Seitenränder oft etwas wulstartig. Kiel des Scutellums mächtig entwickelt, meistens fast knopfartig verdickt und nicht granulirt. Fläche der Mittelbrust meistens spärlich, selten etwas stärker gekörnt. Der Prothorax im Ganzen nicht so rauh wie bei *parviceps*, an der Seite nicht oder nicht stark borstig, nur vorn granulirt, hinten mässig stark und grob, oft ziemlich verwischt punktirt. Corium kaum mit Körnchen besetzt, Membran gebräunt. Vorderschenkel meistens deutlich weniger wie doppelt so lang als breit, mässig stark granulirt. Hinterleib immer breit und gedrungen, bei den Männchen in der Regel scharf eckig, bei den Weibchen mehr abgerundet. Die drei ersten Connexiva hinten nicht deutlich vorragend. Färbung meist grell und scharf aus-

gesprochen, der Grundton in der Regel dunkel, mehr rothgelb, die gewöhnlichen Zeichnungen fast immer dunkel rothbraun, höchstens die Binde des Hinterleibes bei den
Männchen schwarz. Beine oft röthlich. 7—10 Mm.

Ich untersuchte 30 Exemplare aus Brasilien (Bahia, Rio de Janeiro. Espirito Santo etc.) und aus Columbien (Bogota etc.), Eigenthum der Museen in Wien,
Paris, Stockholm und der Herren Montandon und Noualhier, darunter die Typen
von Mayr (Wien) und Stal (Stockholm). Ein kleines Exemplar aus Brasilien hat
etwas längeren Kopf und schwächer entwickelten Kiel des Scutellums, es nähert sich
dadurch mehr meiner Subspecies *parva*. Einige Exemplare aus Temax in Yucatan
(leg. Gaumer), die mir durch Herrn G. C. Champion aus der Sammlung Godman
zugeschickt wurden, sind ähnlich wie die brasilianischen Exemplare, aber etwas rauher
und im männlichen Geschlechte mehr schwarz gezeichnet; ihr Hinterleib ist sehr breit,
aber an den Seiten mehr abgerundet, der Kiel des Scutellum sehr stark, aber mit einigen
Körnchen besetzt. Sonst gleichen diese Exemplare den typischen *carneipes* Mayr und
sie beweisen wohl, dass auch diese scheinbar gut charakterisirte Form noch nicht als
»Species« aufgefasst werden kann. Wären die genannten Stücke aus Yucatan kleiner,
so hätte ich sie wahrscheinlich unter *parva* m. eingereiht.

Der von Mayr angegebene Fundort in Nordamerika (Georgia) beruht auf einer
falschen Etikettirung, wie sie unter dem alten Materiale jeder Sammlung leider nur zu
oft vorkommt.

i) *Ph. erosa* L. subspec. *cinnamomea* m.

Taf. VIII, Fig. 14.

Aehnlich gebaut wie *carneipes* Mayr.

Kopf ganz ähnlich wie bei dieser Form, Schläfen und Genae vorgequollen,
Stirnfortsatz klein, gegabelt. Fühler ähnlich wie bei den verwandten Formen. Prothorax (Taf. VIII, Fig. 14) stark gewölbt und ähnlich wie bei *carneipes* Mayr hoch
ansteigend, viel stärker als bei *Bogotana* m., aber durch den schärferen Ausschnitt
wieder mehr mit dieser übereinstimmend als mit jener. Seitenränder stark entwickelt,
hinter dem Mittelausschnitte stark aufgerichtet, aber kaum ausgeschnitten, mehr breit
abgerundet. Kiele sehr deutlich, weder höckerartig vortretend, noch wulstartig. Kiel
des Scutellum gut entwickelt, aber im Gegensatze zu *carneipes* Mayr ähnlich deutlich
granulirt wie bei *Bogotana* m. oder *parva* m. Mittelbrustseiten nur spärlich mit unscheinbaren Körnchen besetzt. Pronotum nur in der vordersten Partie deutlicher granulirt, nicht rauh oder beborstet; Punktirung mässig grob und schütter. Corium fast
ohne Körnchen. Membran beraucht. Hinterleib breit und dick, ganz ähnlich wie
bei *carneipes* Mayr gebaut. Vorderschenkel mässig granulirt, beim ♂ fast doppelt so
lang als breit. Die Färbung ist bei allen neun von mir untersuchten Exemplaren
gleich, sehr grell und auffallend. ♂ und ♀ sind hellgelb; ein breites scharfes Band über
das Abdomen und die Seitenecken der Ventralseite, die hintere Partie des Pronotum,
das Scutellum und die Seiten der Mittel- und Hinterbrust schön zimmtbraun, ebenso
ein Theil des Corium und das Endglied der Fühler. 7—9 Mm.

Diese Subspecies ist nahe verwandt mit *parva* m., *carneipes* Mayr und *Bogotana*
m.; von der erstgenannten Form, die oft ganz ähnlich gezeichnet ist, unterscheidet sie
sich durch die Grösse und den weniger unebenen und glatteren Thorax, von *carneipes*
Mayr durch den verschiedenen Kiel des Scutellum und die Form der Prothoraxränder,
von *Bogotana* m. endlich durch den dickeren, nicht so schlanken und nicht so flachen
Körper und das stärker erweiterte Abdomen, von beiden überdies durch die Farbe.

Alle neun mir vorliegenden Exemplare (♂ und ♀) stammen aus Brasilien (Matto grosso, Espirito Santo etc.) und sind Eigenthum der Museen in Wien, Paris und Berlin.

k) *Ph. erosa* L. subspec. *Bogotana* m.

Aehnlich wie *carneipes* Mayr und *cinnamomea* m. gebaut, aber nicht so gedrungen, etwas flacher und der Hinterleib schlanker.

Kopf ähnlich wie bei *carneipes* Mayr, meistens aber etwas länger; Stirnfortsatz deutlicher vorragend, gegabelt; Schläfen und Genae erscheinen weniger vorgequollen. Fühler ganz ähnlich wie bei den verwandten Formen. Prothorax nach vorne zu etwas breiter und nicht so dick wie bei *carneipes* Mayr, entschieden weniger steil ansteigend als bei dieser und bei *parviceps* m., seine Kiele nicht wulstartig und höchstens undeutlich höckerig; die stark comprimirten, erweiterten Seitenränder mit einem kleinen, aber ziemlich scharfen und tiefen Mittelausschnitt, ähnlich wie bei *cinnamomea* m., hinter diesem Ausschnitt deutlich aufgebogen und an der Seitenecke flach ausgebuchtet. Das ganze Pronotum nicht sehr rauh, nur vorn stärker granulirt und hinten mässig punktirt. Kiel des Scutellum gut entwickelt, granulirt. Vorderschenkel mässig granulirt, meistens (♂) doppelt so lang als breit. Corium kaum mit Körnchen besetzt, Membran beraucht. Hinterleib flacher und schlanker als bei *carneipes* Mayr und den anderen verwandten Subspecies, nicht so stark verbreitert und eckig, an den Seiten mehr sanft geschwungen. Fast alle Exemplare sind licht, fahlgelb, die ♂ am Pronotum etwas dunkler, Querbinde des Hinterleibes selten sehr dunkel. 7—10 Mm.

Ich untersuchte 18 ♂ und ♀ aus Bogota, Eigenthum der Museen in Stockholm, Wien und Brüssel. 2—3 Exemplare (♂) haben den Hinterleib breiter als die Mehrzahl und den Thorax etwas stärker gewölbt; bei dem einen dieser Exemplare sind auch die Vorderschenkel nicht viel mehr als $1\frac{1}{2}$mal so lang als breit. Es ist also diese Subspecies keineswegs ganz scharf begrenzt und durch die eben erwähnten Stücke mit *carneipes* Mayr verbunden.

l) *Ph. erosa* L. subspec. *communis* m.

Taf. VIII, Fig. 19. 20.

? *Cimex erosus* Linné, Syst. Nat., X. 443, 1758.
? » » Sulzer, Kennz. der Ins., 27 (nec figura!), 1761.
? » » Linné, Syst. Nat., XII. 718, 1767.
? » *(scorpio) ovat. depress.* Degeer, Mémoires, III, 350, Taf. 35, Fig. 13, 1773.
? » *erosus* Müller, Linné's Naturs., V (1), 483, 1774.
? *Acanthia erosa* Fabricius, Spec. Ins., II, 337, 1781.
? » » » Mant. Ins., II, 279, 1787.
? *Cimex erosus* Roemer, Gen. Ins., 15 (nec figura!), 1789.
? » » Gmelin, Syst. Nat., XIII, 1 (4). 2126, 1789.
? *Syrtis erosa* Fabricius, Syst. Rhyng., 121, 1803.
? *Phymata erosa* Latreille, Hist. Nat., XII, 245, 1804.
? » » Lamarck, Hist. Nat., III, 507, 1816.
? *Syrtis erosa* Latreille, Tabl. Encycl., Taf. 374, Fig. 6. 1818.
? *Phymata erosa* St. Fargeau et Serville, Encycl. méthod., X, 120, 1825 pp.
? *Discomerus erosus* Laporte, Essai, Taf. 51, Fig. 4, 1832.
! *Phymata fasciata* Stål, Rio Jan. Hem., 59, 1860 pp.
{? » *erosa* (L.) Stål, Enumeratio, V. 133, 1876.
{! » *fasciata* Stål, Enumeratio, V, 133, 1876 pp.

Ziemlich kurz und breit gebaut. Der Kopf ähnlich wie bei den nordamerikanischen Formen, immer entschieden länger als breit. Stirnfortsatz immer über das Ende des ersten Fühlergliedes hinausragend, am Ende deutlich gegabelt, oben deutlich gefurcht; Dornhöcker ober und vor den Ocellen in der Regel gut entwickelt. Schläfen und Genae, von oben gesehen, nicht stark hervortretend. Fühler ähnlich wie bei der Mehrzahl der Subspecies, das vierte Glied beim $\vec{c}$ immer etwas kürzer, beim φ um $^1/_4$—$^1/_3$ kürzer als die zwei vorhergehenden Glieder zusammen. Pronotum (Taf. VIII, Fig. 19, 20) sehr breit, seine stark comprimirten Seitenränder breit, in der Mitte schwach ausgebuchtet oder nur geschwungen, niemals mit einem grossen tiefen Ausschnitte. Seitenecken gut entwickelt, aufgebogen und in eine schief nach oben und aussen oder mehr nach hinten gerichtete Spitze ausgezogen, hinter dieser Spitze etwas ausgebuchtet und oft gegen den Hinterrand zu mit einer zweiten kleineren Spitze. Kiele gut entwickelt, weder wulstig, noch in deutliche Höcker emporgezogen. Mittelkiel des Scutellum normal entwickelt und deutlich granulirt. Brustseiten verhältnissmässig reichlich, meistens auch auf der Fläche deutlich gekörnt. Corium höchstens mit ganz vereinzelten Körnchen besetzt, Membran schwach beraucht. Vorderbeine kurz und gedrungen, die Schenkel aussen deutlich granulirt. Hinterleib in der Grundform rhombisch, breit und kurz, bis zum vierten als Ecke vortretenden Segmente allmälig erweitert, immer breiter als der Thorax. Connexiva ganzrandig, hinten nicht in Spitzen ausgezogen. Pronotum hinten grob punktirt, an den Seitenrändern grob gekörnt, vorn etwas zerstreut granulirt, nicht besonders rauh und nicht mit Börstchen besetzt. Connexiva etwas granulirt. Färbung nicht sehr variabel, der Grund mehr oder weniger lichtgelb. Die Oberseite des Kopfes und der hinteren Partie des Thorax mehr oder minder verdunkelt, beim $\vec{c}$ meistens schwarz; Hinterleib mit dunkler, brauner oder — — bei den meisten Männchen — schwarzer Querbinde, welche oft auf die Seitenecken des Bauches übergreift. Corium gelb, an der Basis und am Ende verdunkelt, Beine licht, ebenso die Fühler, mit Ausnahme des dunklen Endgliedes. 7—9 Mm.

Ph. erosa subspec. *communis* ist von den vorhergehenden Subspecies, welche ähnlich gedrungen gebaut sind, an der Form des Thorax und an dem längeren Kopfe leicht zu unterscheiden; sie scheint in Brasilien sehr weit verbreitet zu sein. Ich untersuchte ungefähr 80 Exemplare aus Matto grosso, Bahia, Parana, Rio de Janeiro, Casapava, Pernambuco, Lambare, Sao Leopoldo, Allegrette, Sta. Cruz de la Sierra, aus Neu-Freiburg und aus Paraguay.

Von den angeführten Synonymen bezieht sich nur *fasciata* Stål sicher auf diese Subspecies, jedoch nur zum Theil, denn Stål hat auch Exemplare der Subspecies *Chilensis* m. als *fasciata* bezeichnet. Alle übrigen Synonyme sind fraglich und können sich auch auf *parva* m. oder *Linnei* m. beziehen; das letztere scheint mir wenigstens für die Citate der Werke Linné's und Degeer's sogar am wahrscheinlichsten. Subspecies *communis* m. ist mit den nun vier folgenden am nächsten verwandt.

m) *Ph. erosa* L. subspec. *Linnei* m.

Taf. VIII, Fig. 17.

Cimex erosus Linné, Syst. Nat., X. 443, 1758.
?   »   » Sulzer, Kennz der Ins., 27 (nec figura!), 1761.
?   »   » Linné, Syst. Nat., XII, 718. 1767,
?   »   (*scorpio*) *ovat. depress.* Degeer, Mémoires, III, 350. Taf. 35, Fig. 13, 1773.
?   »   *erosus* Müller, Linné's Natursyst., V (1). 483. 1774.
? *Acanthia erosa* Fabricius, Spec. Ins., II, 337, 1781.

? *Acanthia erosa* Fabricius, Mant. Ins.. II. 279. 1787.
? *Cimex erosus* Roemer, Gen. Ins., 15 (nec figura!), 1789.
? » » Gmelin, Syst. Nat, XIII, I (4). 2126, 1789.
? *Syrtis erosa* Fabricius, Syst. Rhyng., 121, 1803.
? *Phymata erosa* Latreille, Hist. Nat., XII, 245, 1804.
? » » Lamarck, Hist. Nat, III, 507, 1816.
? » » St, Fargeau et Serville, Encycl. méthod., X. 120, 1825 pp.
? » » (I.) Ståhl, Enumeratio, V. 133, 1876.

Ich verwende den Namen *Linnei* für zwei Exemplare ($\vec{o}$), welche in Bezug auf die meisten Merkmale mit *communis* m. übereinstimmen, sich aber doch durch die Form des Thorax leicht unterscheiden lassen. Von diesen Exemplaren stammt eines aus Surinam, dem locus classicus der alten *Ph. erosa* von Linné und Degeer. Von allen mir bekannten Exemplaren der *Ph. erosa* s. l. stimmen diese zwei am besten mit den erwähnten alten Beschreibungen und Abbildungen überein, so dass wir wohl mit ziemlicher Sicherheit annehmen können, die Subspecies *Linnei* m. sei die ursprüngliche alte *erosa* von Linné und Degeer.

Kopf und Fühler sind ganz ähnlich wie bei *communis* m. Der Thorax (Taf. VIII, Fig. 17) ist an den Seitenrändern mit einem sehr grossen, tiefen Ausschnitte versehen, hinter demselben aufgebogen und in eine grössere, mehr nach vorne als nach aussen gerichtete Spitze ausgezogen, hinter derselben ausgebuchtet und mit einer zweiten kleineren Spitze versehen. Kiele des Pronotum und Scutellum ähnlich wie bei *communis* m., die Brustseiten auf der Fläche weniger granulirt als bei dieser Form, ebenso die Schenkel an der Aussenseite. Flügel gleichfalls ganz ähnlich, die Membran gegen die Basis zu stärker beraucht. Hinterleib ganz wie bei *communis* m., breit und scharf eckig. Auch die Färbung ganz wie bei der genannten Subspecies; auf den Connexiven 3 und 6 liegen je zwei kleine dunkle Flecken, wie sie Degeer abbildet. 7 Mm.

1 $\vec{o}$ aus dem Hamburger Museum (»Surinam. Alte Sammlung«), 1 $\vec{o}$ aus dem Leidener Museum (»Latreille, Amerika, *Syrtis erosa* Fabr.«).

n) *Ph. erosa* subspec. *chilensis* m.

? *Syrtis carinata* Fabricius, Syst. Rhyng, 122, 1803.
Phymata » Blanchard, Gay's Hist. de Chile, VII. 207. Taf. 2, Fig. 12, 1852.
! » *fasciata* Ståhl, Rio Jan. Hem., 59, 1860 pp.
!? » *carinata* » Hem, Fabric. I. 93, 1868.
[! » *fasciata* » Enumeratio, V, 133, 1876 pp.
[!? » *carinata* » ibid., 133, 1876.

Etwas schlanker als *communis* m. und etwas grösser als die Mehrzahl der Exemplare dieser Subspecies. Der Kopf und die Fühler sind ganz ähnlich wie bei *communis*, der Thorax fast ganz gleich, aber in der Regel an den Seitenecken noch weniger spitzig, in der Mitte des Seitenrandes nur leicht und flach ausgebuchtet. Flügel gleichfalls ähnlich, die Membran nur schwach beraucht. Beine fast ganz wie bei *communis* m., die Vorderschenkel aussen deutlich granulirt. Mittelbrustseiten auf der Fläche mässig stark, aber deutlich granulirt. Kiel des Scutellum einfach, granulirt. Hinterleib nicht so kurz und breit wie bei *communis* m., aber seitlich gleichfalls eckig, bis zum vierten Segmente allmälig erweitert. Connexiva ganzrandig. Färbung ähnlich wie bei *communis* m., vielleicht im Allgemeinen nicht so grell. Die vordere Partie des Pronotum in der Mitte meistens so gefärbt wie die hintere; Zeichnungen selten so rein schwarz wie bei *communis* m. 8—10 Mm.

Ich untersuchte ungefähr 50 Exemplare aus Chile und 1 Exemplar aus Peru. Ein von Stål als *carinata* F. bestimmtes ♀ gehört zu dieser Form. Ich bin aber trotzdem nicht ganz überzeugt, dass auch jenes Exemplar, welches Fabricius und nachher auch Stål unter diesem Namen beschrieb, zu *chilensis* m. gehört. Die Angabe Stål's über die relative Kürze des Kopfes im Vergleiche zu *erosa* (Hem. Fabriciana, 93) stimmt nicht recht überein und würde eher auf *carneipes*-ähnliche Formen verweisen. Wenn man annimmt, dass Stål damals als *erosa* eine Form aus Nordamerika vor sich gehabt hat, die ja factisch einen längeren Kopf besitzt, so kann man seine und folglich auch Fabricius' *carinata* auf *chilensis* m. beziehen und den alten Namen verwenden. *Fasciata* Stål ist *chilensis* m. + *communis* m.

o) *Ph. erosa* L. subspec. *praestans* m.

Taf. V, Fig. 7; Taf. VIII. Fig. 18.

! *Phymata fasciata* Berg, Hemiptera Argentina, 142, 1879.

Die grösste und auffallendste südamerikanische Form der *Ph. erosa* L. Sehr nahe verwandt mit *chilensis* m. und *communis* m. Sehr breit gebaut. Kopf und Fühler ähnlich wie bei den Verwandten. Der Thorax (Taf. VIII, Fig. 18) ganz auffallend breit ausladend, seine Seitenränder nur sanft ausgebuchtet, hinter der Ausbuchtung stark aufgebogen und in eine lange, scharfe, nach oben aussen und hinten gerichtete Spitze ausgezogen, dahinter ausgebuchtet und mit einer zweiten kleineren Spitze versehen. Kiele und Sculptur ähnlich, die letztere verhältnissmässig weniger ausgeprägt als bei *communis* m., ebenso die Granulirung. Mittelbrustseiten auf der Fläche fast ganz glatt. Kiel des Scutellums granulirt, einfach. Vorderbeine im Verhältniss zu dem grossen Körper auffallend klein, die Schenkel aussen kaum gekört. Corium kaum granulirt, Membran sehr schwach beraucht. Hinterleib sehr stark eckig erweitert, breit und gross; die Connexiva ganzrandig. Meistens sehr schön und grell gefärbt, die Zeichnungen bei der Mehrzahl der Exemplare etwas anders als bei *communis* m.; die hintere Partie des Pronotum ist selten einfärbig dunkel, meistens nur an den Seitenecken, an einigen Stellen zwischen den Kielen und an der Quertheilungslinie. Der Kopf ist auch bei dieser Form meistens dunkel. Die Binde des Hinterleibes beim ♂ in der Regel schwarz, beim ♀ meistens braunroth und schliesst oft lichtere Stellen ein. Die Connexiva tragen sehr häufig noch einige dunkle Flecken oder Wische. ♂ 8—10, ♀ 9—12 Mm.

Diese Form ist an den besonders stark ausgezogenen Ecken des Pronotum und an der Grösse leicht zu erkennen. Sie ist im südlichsten Theile Brasiliens am schönsten entwickelt und scheint dort die Subspecies *communis* m. zu vertreten, von der sie übrigens kaum ganz scharf zu trennen ist. Ich untersuchte gegen 100 Exemplare; die überwiegende Mehrzahl derselben wurde in der Provinz Rio grande do Sul von Herrn Fr. Stieglmayr gesammelt. Einzelne Stücke stammen aus Sta. Catharina und einige meistens etwas weniger typische Exemplare aus Uruguay und Argentinien, darunter ein von Berg bestimmtes Männchen.

p) *Ph. erosa* L. subspec. *debilis* m.

Gemeinsam mit *praestans* m. kommt auch eine kleine unscheinbare Form vor, die sich durch die Gestalt des Kopfes und des Prothorax eng an *communis* m. anschliesst, im Allgemeinen aber zarter und schlanker als diese Form gebaut ist. Kopf und Fühler ähnlich wie bei *communis* m., Pronotum gleichfalls ähnlich, an den Seiten comprimirt erweitert, aber nur leicht ausgebuchtet; hinter der Ausbuchtung aufgebogen, aber weder stark spitz ausgezogen, noch deutlich ausgeschnitten, einfach in eine abgerundete Ecke auslaufend. Scutellum ähnlich wie bei *communis* m. mit einfachem granulirtem Kiel. Brustseiten reichlich granulirt. Membran fast glashell, Hinterleib an den Seiten sanft abgerundet, nicht eckig erweitert und nicht viel breiter als der Thorax. Connexiva ganzrandig. Vorderschenkel granulirt. Beide Geschlechter fahlgelb, mit kaum ausgeprägten dunkleren Zeichnungen an den Ecken des Pronotum und an den Hinterleibsseiten. 6—7·5 Mm.

5 ♂ und 2 ♀ aus Rio grande do Sul und San Paolo, Eigenthum der Museen in Wien und Hamburg.

18. *Phymata fortificata* Herrich-Schäffer.

Taf. IV, Fig. 5.

Syrtis fortificata Herrich-Schäffer, Wanzenart. Ins., VII, 15, Taf. 222, Fig. 695, 1844.
Macrocephalus fortificatus Walker, Catal., VI, 175, 1873.
Phymata fortificata Stål, Enumeratio, V, 132, 1876.

Breit und gedrungen, auffallend zackig und eckig. Kopf, von oben gesehen, länger als breit, der Stirnfortsatz mächtig entwickelt und stark gegabelt, weit über das Ende des ersten Fühlergliedes vorspringend. Je zwei Dornhöcker ober und vor den Ocellen stark entwickelt. Fühler derb und kräftig, das zweite und dritte Glied fast gleich, etwas granulirt, das vierte beim ♂ durchschnittlich so lang als die zwei vorhergehenden Glieder zusammen, manchmal etwas kürzer, manchmal etwas länger; beim ♀ immer um $1/4$—$1/3$ kürzer. Thorax sehr breit, fast $1\,1/2$ mal so breit als lang, stark gewölbt und steil ansteigend; seine Kiele stark entwickelt und in zwei meist sehr gut ausgebildete spitzige Höcker emporgezogen. Die comprimirten Seitenränder sind mächtig entwickelt, in der Mitte sehr tief ausgeschnitten, dadurch in zwei Lappen getheilt, von denen der vordere kleiner und zackig gezähnt ist und der hintere, stark aufgebogen, weit nach vorn über den Ausschnitt hinausragt. Auch dieser ist wieder tief ausgeschnitten und zackig. Die Hinterrandsläppchen sind mässig entwickelt. Scutellum spitz dreieckig, mit starkem rauhen Mittelkiel. Ecken der Vorderbrust stark bewehrt; der ganze Thorax unregelmässig und reichlich gekörnt; Punktirung des Pronotum nicht sehr auffallend. Corium kaum granulirt. Membran fast hyalin, mit dunkler Wolke in der Mitte. Adern nicht netzartig verschlungen. Vorderbeine sehr kräftig, ihre Hüften kurz, eiförmig, mit starkem Dorn an der Basis, leicht gekörnt; die Vorderschenkel sehr dick und kurz, fast blasig und so wie die Mittel- und Hinterschenkel sehr stark granulirt. Hinterleib kurz und sehr breit, fast rhombisch. Connexiva der drei ersten Segmente in grosse dicke Spitzen ausgezogen, jenes des vierten Segmentes hinten scharf eckig vorspringend, des fünften und sechsten Segmentes ganzrandig. Hinterende nicht ausgebuchtet. Connexiva und Ventralplatten zerstreut grob granulirt. Beim ♂ trägt jede Ventralplatte in der Mitte zwei kleine, nach hinten divergente Kielchen und Furchen, beim ♀ dagegen eine undeutliche flache Längsrinne und darin höchstens die Andeutung von Kielchen. Grundfarbe gelbbraun, oft mehr graubraun; über den Hinterleib ziehen zwei bis drei oft etwas verwischte Binden, von denen die mittlere am stärksten ist. Thorax besonders im männlichen Geschlechte häufig verdunkelt, manchmal fast rein schwarz, ebenso die Ecken des Hinterleibes oben und unten. Oberseite des Kopfes, Vorderbeine und Fühler mehr oder weniger verdunkelt. 9—12 Mm.

Ich untersuchte 44 Exemplare dieser auffallenden und nicht sehr variablen, ausschliesslich südamerikanischen Art. In folgenden Gegenden wurde *Ph. fortificata* gefunden: Brasilien (Lambare, Rio grande do Sul, Minas, Matto grosso, San Leopoldo), Paraguay, Argentinien, Columbien und Cayenne.

In der Statur erinnert *Ph. fortificata* H.-S. am meisten an die Arten der *erosa*-Gruppe und scheint auch mit denselben ziemlich nahe verwandt zu sein. Am nächsten steht sie der *Ph. armata* m.

19. *Phymata armata* n. sp.

Taf. VIII, Fig. 24.

Aehnlich gebaut wie *Ph. fortificata* H.-S., aber viel kleiner. Kopf ähnlich wie bei der genannten Art, der Stirnfortsatz aber meistens nicht so stark gegabelt. Viertes Fühlerglied in der Regel um $^1/_4$ kürzer als das zweite und dritte zusammen, selten etwas länger oder etwas kürzer. Thorax (Taf. VIII, Fig. 24) ähnlich gebaut wie bei *fortificata* H.-S., die Seitenränder mächtig, tief ausgeschnitten, hinter dem Ausschnitte stark aufgebogen und lappenartig nach vorne gezogen, aber nicht so stark gezackt wie bei der genannten Art; Höcker der Längskiele nicht so deutlich. Scutellum ganz ähnlich; die Ecken der Vorderbrust stark bewehrt. Granulirung des Prothorax nur in der vorderen Partie reichlich, jene der Pleuren in der Mitte meist viel spärlicher. Vorderbeine ähnlich wie bei *fortificata* H.-S., etwas schwächer granulirt; Mittel- und Hinterschenkel deutlich granulirt. Corium fast ohne Körnchen, Membran hyalin, immer mit einer dunklen Wolke in der Mitte, oft noch mit einigen kleinen Flecken an den nicht netzartig verschlungenen Adern. Hinterleib in der Regel nicht so stark eckig ausgebreitet wie bei *fortificata* H.-S., das vierte Segment etwas mehr abgerundet oder schief abgestutzt. Die drei ersten Connexiva meist deutlich in kleine Spitzen ausgezogen. Bauchplatten ähnlich wie bei *fortificata* H.-S., im männlichen Geschlechte mit je zwei divergenten Furchen, respective Kielchen, welche im weiblichen Geschlechte nur angedeutet sind. Grundfarbe hellgelb bis braungelb; im männlichen Geschlechte meistens dunkler und auf dem Thorax in der Regel braun. Querbinde des Hinterleibes beim ♀ bräunlich, beim ♂ fast schwarz. Fühler und Kopf gelb oder braun. 6—7 Mm.

Untersucht wurden 12 Exemplare aus Brasilien (Casapava, Para, Matto grosso) und 1 Exemplar aus Venezuela? Die Typen befinden sich in den Sammlungen der Museen von Wien, Berlin, Paris, Genf und der Herren Bergroth und Montandon.

Entschieden ist *Ph. armata* m. mit *fortificata* H.-S. sehr nahe verwandt, und ich würde nicht zögern, sie nur als eine Race oder Subspecies aufzufassen, wenn beide Formen nicht in derselben Gegend vorkämen, und wenn ich Zwischenformen gesehen hätte.

20. *Phymata Karschii* n. sp.

Taf. VIII. Fig. 23. 38.

♀. Zierlich und schlank. Kopf (Taf. VIII, Fig. 38), von oben gesehen, mit Einschluss des langen, fast bis zum stark gegabelten Ende gleich breiten Stirnfortsatzes, doppelt so lang als breit, oben sehr flach, Mittelfurche und Ocellenhöcker nicht gut ausgebildet; Granulirung grob. Zweites Fühlerglied etwas länger als das dritte, viertes ziemlich dick, um mehr als $^1/_3$ kürzer als das zweite und dritte zusammen. Thorax (Taf. VIII, Fig. 23) stark gewölbt, seine Mittelkiele deutlich, nicht höckerig, comprimirte Seitenkanten sehr tief ausgeschnitten; der vordere Lappen in einem abgerundeten stumpfen Winkel vortretend, der hintere sehr gross, aufgebogen und stark nach vorne gerichtet, ähnlich wie bei *armata* m., aber mehr abgerundet, nicht so scharf und spitzig. Läppchen am Hinterrande des Pronotum deutlich. Scutellum spitz dreieckig, mit gut entwickeltem, granulirtem Mittelkiel. Ecken der Vorderbrust schwach bewehrt. Pronotum nur vorn deutlich granulirt, hinten grob und fast runzlig punktirt. Pleuren in der Mitte fast glatt, sonst granulirt. Corium fast ohne Körnchen, Membran hyalin, an der Basis mit einem dunklen Fleck, in welchem auch die sonst farblosen und nicht netzartig verschlungenen Adern verdunkelt sind. Vorderhüften schlanker als bei *armata* m., die Schenkel ziemlich flach, doppelt so lang als breit und nur an der oberen Kante deutlich granulirt. Mittel- und Hinterschenkel kaum granulirt. Hinterleib ziemlich schlank, doch entschieden breiter als der Thorax, bis zum eckig vortretenden vierten Segmente allmälig verbreitert. Connexiva ganzrandig. Bauchplatten wie bei *armata* m. mit sehr verwischter Mittelfurche. Licht gelbbraun, mit bräunlicher Querbinde über den Hinterleib. 6·5 Mm.

1 ♀ aus Brasilien, Eigenthum des Berliner Museums. Ich widme die Art Herrn Dr. Ferd. Karsch in Berlin.

Ph. Karschii m. erinnert in Bezug auf den Bau des Thorax am meisten an *Ph. armata* m., durch den langen Kopf aber wieder mehr an *acutangula* Guér.; ich glaube, sie ist mit der erstgenannten Art am nächsten verwandt.

21. *Phymata acutangula* Guérin.

Taf. IV, Fig. 6; Taf. VIII. Fig. 6—9, 32—34.

Syrtis (Phymata) acutangula Guérin, Sagra's Hist. de Cuba, 408, ♂, 1857.

{! *Phymata longiceps* Stål, Rio Jan. Hem., 59, 1860.
{!   »   *simulans*   »   ibid., 59, 1860.
{!   »   *acuta*   »   ibid., 60, 1860.
{!   »   *longiceps*   »   Enumeratio, V, 133, 1876.
{!   »   *simulans*   »   ibid., V, 133, 1876.
{!   »   *acuta*   »   ibid., V, 133, 1876.

Zierlich gebaut, flach und schlank, sehr variabel. Kopf (Taf. VIII, Fig. 32—34) sehr lang, mit Einschluss des sehr verschieden gestalteten, am Ende mehr oder minder stark gegabelten Stirnfortsatzes meistens doppelt so lang als breit, selten merklich kürzer und dann noch wenigstens 1³/₄ mal so lang als breit; Stirnfurche deutlich, Ocellenhöcker mehr oder minder gut entwickelt. Fühler schlank, ihr zweites Glied etwas kürzer als das dritte, das Endglied des Mannes so lang oder etwas länger als das zweite und dritte zusammen, im weiblichen Geschlechte etwas kürzer. Thorax (Taf. VIII, Fig. 6—9) in Bezug auf die Gestaltung der Seitenränder sehr variabel; seine Grundform ist trapezförmig, ziemlich schlank, weder stark gewölbt, noch nach hinten steil ansteigend; die zwei Kiele sind deutlich, nicht höckerig, die Läppchen am Hinterrande gut entwickelt. Die Seitenränder sind verschieden stark comprimirt und erweitert, manchmal sehr schmal, fast ganzrandig und gerade, meistens aber mehr oder minder tief ausgebuchtet; der Theil hinter der Ausbuchtung ist dann aufgerichtet, aber nicht lappenartig nach vorn ragend, an den Ecken mehr oder weniger ausgeschnitten und dadurch verschieden stark zweispitzig. Die vordere Partie des Pronotum ist reichlich fein granulirt, die hintere grob punktirt. Scutellum kurz, dreieckig, mit granulirtem, deutlichen Längskiel. Ecken der Vorderbrust mässig bewehrt, Pleuren reichlich granulirt. Corium fast ohne Körnchen, Membran hyalin oder mit dunklem Basalfleck, Adern nicht netzartig verschlungen. Vorderbeine verhältnissmässig gross, ihre Hüften ziemlich schlank und vorn bewehrt, die Schenkel nicht sehr dick, doppelt so lang als breit, an der oberen Kante granulirt. Mittel- und Hinterschenkel deutlich granulirt. Hinterleib flach, meistens ziemlich schlank, seltener sehr stark erweitert. Seine Seiten verlaufen daher von der Basis bis zum scharf eckig vortretenden vierten Segmente verschieden tief bogenförmig geschwungen. Hintere Ecken der sonst ganzrandigen ersten drei Connexiva oft etwas vorgezogen. Connexivum 5 und 6 ganzrandig; Hinterende nicht ausgeschnitten. Ventralplatten bei den männlichen Individuen mit einer feinen einfachen Mittelfurche, bei den weiblichen ohne deutliche Furche. Die Connexiva sind leicht granulirt.

Die Grundfarbe ist gelb bis braungelb; der Hinterleib trägt meistens eine braune oder schwarze Querbinde; Thorax oben meistens verdunkelt, beim ♂ oft ganz schwarz. Kopf und Fühler gleichfalls oft sehr dunkel. 5—7 Mm.

Diese Art ist fast ebenso variabel wie *Ph. erosa* L.; ich habe mich aber vergebens bemüht, Subspecies zu begrenzen; vielleicht gelingt es an der Hand eines reicheren Materiales. Die Formen mit ganz geraden oder nur schwach ausgebuchteten Thoraxseiten haben meistens, aber nicht immer, auch ein weniger erweitertes Abdomen und mehr spitz zulaufenden Stirnfortsatz: Stål's *longiceps*. Auf die mittleren Formen bezieht sich Stål's *simulans* und *acuta*, auf die am stärksten erweiterten der Name *acutangula* Guérin.

Ph. acutangula Guérin ist in den meisten Sammlungen vertreten, aber in der Regel nur in einzelnen Exemplaren, so dass mir im Ganzen kaum mehr als 50 Individuen vorliegen, welche folgende Fundorte repräsentiren: Antillen (1 Stück von Distant), Mexico, Guatemala, Columbien (Bogota), Cayenne, Venezuela, Bolivien und Brasilien (Rio de Janeiro, Bahia). Auch in Bezug auf die Verbreitung besteht zwischen den einzelnen Formen keine Grenze; ich finde nur, dass die weniger erweiterten Stücke in der Regel aus den südlichen Gebieten stammen.

Stål hat die Guérin'sche Beschreibung der *Syrtis (Phymata) acutangula* fälschlich auf eine cubanische Form der *Ph. erosa* L. (subspec. *Guérini* L. et S.) bezogen, die von Guérin bereits richtig als *erosa* L. erkannt worden war. Guérin's Originalbeschreibung der *acutangula* lautet: »Obscure fusca nigro variegata; thorace postice acute dilatato, lateribus flavomaculato; scutello in medio linea flava ornato; hemelytris lateribus flavis; abdomine flavo, postice acute dilatato, fascia lata nigra; pedibus flavis tarsisque fuscis. Long. 6, larg. 2 mm. Cette jolie espèce se distingue facilement par les dilatations du corselet et de l'abdomen, qui sont aigués. Derrière les pointes laterales du corselet il y a une très petite épine. Les deux carènes du dessus de ce corselet sont piquetées de blanc. Nous n'en avous reçu qu'un mâle, pris à Cuba par M. Pocy.«

Diese Beschreibung passt gar nicht gut auf *erosa* L. subspec. *Guérini* L. et S., auf welche sie Stål bezieht, dagegen aber ganz gut auf die von mir oben beschriebenen Phymaten. Ich zögere daher nicht, den Guérin'schen Namen zu verwenden und die drei jüngeren Stål's in die Synonymie zu verweisen.

22. *Phymata phyllomorpha* n. sp.

Flach und schlank, mit auffallend verbreitertem Abdomen. Der ganze Körper stachelig und dornig.

♂. Kopf überall mit verhältnissmässig grossen Stacheln besetzt, doppelt so lang als breit; der Stirnfortsatz mächtig entwickelt und stark gegabelt. Dornhöcker ober und vor den Ocellen deutlich. Fühler zierlich, ihr Endglied etwas länger als die zwei vorhergehenden Glieder zusammen. Pronotum kaum breiter als lang, sehr flach und fast trapezförmig; seine Seitenränder comprimirt, aber weder stark erweitert, noch ausgebuchtet, mit einer Reihe grösserer borstentragender Zäpfchen besetzt; Seitenecken schwach entwickelt, nicht aufgebogen, Kiele scharf und deutlich mit gut entwickelten Dornhöckern. Läppchen des Hinterrandes deutlich. Scutellum sehr spitz dreieckig, mit gut entwickeltem Mittelkiel. Ecken der Vorderbrust bewehrt. Der Rücken und die Seiten des ganzen Thorax sind dicht mit kleinen Dörnchen besetzt, welche die Stelle der Körnchen vertreten. Hüften der Vorderbeine bewehrt, Schenkel mässig gross, ungefähr doppelt so lang als breit, aussen gewölbt und so wie die übrigen Schenkel dicht mit Stacheln besetzt. Corium mit Ausnahme des Endrandes dicht mit ähnlichen, aber etwas kleineren spitzigen Körnchen besetzt, wie der Thorax, das Costalfeld mit einigen nicht sehr auffallenden Queradern. Membran schwach beraucht, ihre Adern nicht sehr dunkel, hie und da verschlungen. Hinterleib ausserordentlich verbreitert, einem gezackten Distelblättchen nicht unähnlich; die Connexiva der ersten drei Segmente werden nach hinten zu allmälig breiter und sind in der hinteren Ecke in je eine Spitze ausgezogen, am Rande bedornt. Connexivum des vierten Segmentes ausserordentlich verbreitert und am Ende stumpf ausgeschnitten, die folgenden zwei Segmente aussen breit ausgebuchtet und am Rande zackig, das Hinterende flach ausgeschnitten. Die ersten vier Ventralplatten tragen in der Mitte einen geraden Kiel und daneben jederseits nach hinten divergente Kielchen. Der ganze Hinterleib ist reichlich mit kleinen spitzigen Körnchen besetzt. Die Grundfarbe des Körpers und der Dörnchen ist licht gelbgrau, über die Mitte des Hinterleibes zieht eine breite dunkle Binde, die auf die Ventralseite übergreift. Corium braun, Beine licht, Endglied der sonst lichten Fühler gebräunt. 7 Mm.

Ich beschreibe die auffallende Art nach einem einzelnen Männchen aus San Paolo in Brasilien; dasselbe stammt aus der Sammlung Signoret's und gehört dem Wiener Hofmuseum.

Ph. phylomorpha m. ist mit der nächstfolgenden Art nahe verwandt. Es scheint, dass diese Arten auch mit *acutangula* Guér. in Beziehung stehen.

23. *Phymata scabrosa* n. sp.

Taf. IV, Fig. 8.

Nahe verwandt mit *phyllomorpha* m., ganz ähnlich gebaut und dornig, aber das Abdomen nicht so stark erweitert.

Kopf ganz ähnlich wie bei der genannten Art, das erste Fühlerglied des ♂ etwas kürzer als das zweite und dritte zusammen. Thorax und Beine sind gleichfalls ganz ähnlich, ebenso das Corium, in dessen Costalfeld ich jedoch keine Queradern bemerke. Membran schwach gebräunt, ihre Adern stellenweise netzartig verschlungen. Der Hinterleib ist viel weniger erweitert; die am Rande gezackten Connexiva verlaufen in sanftem Bogen bis zum eckig vortretenden vierten Segmente; Rand des fünften und sechsten Segmentes nicht so stark geschwungen, das Hinterende durchaus zackig, im männlichen Geschlechte fast gerade abgestutzt, im weiblichen abgerundet. Ventralplatten des ♂ ähnlich wie bei *phyllomorpha* m., jene des ♀ mit einfachem Mittelkiel. Die Bedornung ist ganz ähnlich wie bei *phyllomorpha* m., die Grundfarbe licht bräunlich oder gelblichgrau, auf dem Hinterleibe mit einer nicht sehr auffallenden dunkleren Querbinde. Corium bräunlich, Beine und Fühler licht. 5--6·5 Mm.

2 ♂ aus Brasilien, 1 ♀ und 1 ♂ aus Venezuela, Eigenthum des Pariser Museums und des Herrn E. Bergroth.

24. *Phymata spinosissima* Mayr.

Taf. V, Fig. 1; Taf. IX, Fig. 24.

! *Phymata spinosissima* Mayr, Verh. zool.-bot. Ges. Wien, XV, 412. 1865.
! » » » Hemipt. der »Novara«-Expedition, 168, Taf. V, Fig. 49. 1866.

Durch das stachelige Aussehen und die Gestalt den zwei vorhergehenden Arten ähnlich, durch den kaum verbreiterten Hinterleib aber ziemlich auffallend verschieden. ♀. Kopf fast doppelt so lang als breit. Der Stirnfortsatz stark vorspringend, aber nicht deutlich gegabelt; Höcker ober und vor den Ocellen nur angedeutet. Fühler sehr zart und schlank, ihr drittes Glied länger als das zweite, das vierte nur halb so lang als das zweite und dritte zusammen. Thorax etwas weniger flach als bei den zwei vorhergehenden Arten, seine Seitenränder schwach comprimirt, nicht merklich erweitert, aber in der Mitte deutlich flach ausgebuchtet, hinter dieser Ausbuchtung kaum aufgerichtet, nicht vortretend und abgerundet. Läppchen des Hinterrandes gross; Kiele gut entwickelt. Scutellum spitz dreieckig, mit deutlichem Kiel. Ecken der Vorderbrust bewehrt. Kopf und Thorax sind oben und unten reichlich mit ganz ähnlichen Dörnchen besetzt wie bei den zwei vorhergehenden Arten. Die borstentragenden Zäpfchen an den Seitenrändern des Pronotum sind jedoch nicht so gross. Vorderbeine schlank, ihre Hüften bewehrt, die Schenkel mehr wie doppelt so lang als breit, sowie die folgenden Schenkel stachelig. Corium nicht so reichlich bedornt, im Costalfelde ohne Queradern. Membran sammt ihren nicht netzartig verschlungenen Adern glashell. Hinterleib schlank, nicht stark verbreitert; die Seitenränder der Connexiva verlaufen bis zum Ende des vierten Segmentes fast geradlinig und divergiren nach hinten zu nur mässig; jedes einzelne von diesen Connexiven ist in der hinteren Ecke in eine kleine Spitze ausgezogen. Der Rand der Connexiva des fünften, sechsten und siebenten Segmentes bildet fast einen Halbbogen und ist mit kurzen Zacken unregelmässig besetzt. Auch der ganze Hinterleib ist reichlich mit spitzigen Wärzchen oder Stacheln besetzt. Ueber die Mitte der Ventralplatten zieht ein gut ausgeprägter einfacher Längskiel. Der ganze Körper mit Einschluss der Beine und Fühler ist hellgelb. 7 Mm.

1 ♀ aus Brasilien, Mayr's Type im Wiener Hofmuseum.

25. *Phymata nervoso-punctata* Signoret.

Taf. V, Fig. 3.

! *Phymata nervoso-punctata* Signoret, Ann. Soc. Ent. Fr. (4), III, 574. Taf. 13. Fig. 25, 1863.
! » *elongata* Signoret. ibid., 574, Taf. 13, Fig. 26, 1863.
! » *nervoso-punctata* Stal, Enumeratio, V, 134. 1876.
! » *elongata* Stal, ibid., 134, 1876.

Auffallend flach, mit relativ grossem Hinterleib.

Kopf, von oben gesehen, doppelt so lang als breit, der Stirnfortsatz lang, gut abgesetzt und rüsselartig vorragend, am Ende kaum gespalten. Höcker ober und vor den Ocellen nicht sehr stark entwickelt. In der Aufsicht erscheinen Schläfen und Genae nicht stark vorgequollen, in der Seitenansicht treten die letzteren stark nach vorne. Fühler schlank, ihr viertes Glied im weiblichen Geschlechte nur etwas kürzer als die zwei vorhergehenden zusammen. Thorax sehr flach, fast trapezförmig, etwas breiter als lang, seine comprimirten Seitenränder kaum aufgebogen, fast gerade und in der Mitte nicht ausgeschnitten. Die Seitenecken entweder einfach abgerundet und nicht vortretend (♀) oder etwas ausgeschnitten und leicht aufgebogen (♂). Die Kiele mit deutlichen Höckern. Scutellum klein, undeutlich gekielt. Pronotum vorn sehr zart

granulirt, hinten unregelmässig grob punktirt. Ecken der Vorderbrust bewehrt. Mittel-
und Hinterbrust nur in der Peripherie deutlich granulirt. Hüften der Vorderbeine
kaum bewehrt, die Schenkel gross und lang, erst hinter der Mitte stark erweitert, aussen
ziemlich flach und schwach granulirt. Mittel- und Hinterschenkel schütter mit Körnchen besetzt. Corium ohne Körnchen, breit, im Costalfelde mit einigen unregelmässigen Queradern. Membran fast hyalin, mit zahlreichen schwärzlichen Flecken
und Punkten, ihre Adern licht, gegen den Vorderrand zu etwas netzartig verbunden.
Hinterleib sehr flach, im Verhältniss zum Thorax sehr gross, von fast birnförmigem
Umriss und bis zum vierten Segmente ziemlich gleichmässig verbreitert. Bei den männlichen Individuen sind die ersten drei Connexiva hinten in Spitzen ausgezogen, bei den
weiblichen ganzrandig; in diesem Geschlechte sind die Connexiva des fünften und
sechsten Segmentes ausgebuchtet und das siebente durch einen tiefen Ausschnitt zweilappig, in jenem ist das fünfte seitlich ausgebuchtet, das sechste hinten ähnlich wie das
siebente des Weibes zweilappig. Ueber die Mitte der Ventralplatten zieht (♀) eine
durch zwei feine Kiele begrenzte Längsfurche. Das eine mir vorliegende ♂ ist leider
durch das Abdomen gespiesst; es wurden dadurch alle Ventralplatten in der Mittellinie
gespalten, und ich vermuthe daher, dass in diesem Geschlechte gleichfalls eine Längsfurche vorhanden ist. Der Hinterleib ist sehr undeutlich und zerstreut granulirt. Die
Grundfarbe ist schmutzig graubraun, bei dem Männchen dunkler und auf der Oberseite
des Abdomen fast schwarz. 7—8 Mm.

1 ♂ und 4 ♀ aus Chile, die Typen von Stål und Signoret.

Phymata nervoso-punctata Sign. hat unter allen Arten die am meisten isolirte
Stellung, und Stål wollte offenbar diesem Umstande durch die Creirung einer eigenen
Gattung Rechnung tragen. Als relativ isolirte und gewiss alte Form hat diese chilenische Art mit keiner anderen nahe, mit mehreren aber entferntere Beziehungen. So
erinnert die Form des Kopfes und des Thorax mehr an *acutangula* Guér., *scabrosa*
m. etc., die Form der Vorderbeine mehr an die Gruppe der *Ph. annulipes* Stål.

Die zwei nun folgenden Arten habe ich nicht selbst untersuchen können, weil die
Typen mit Scott's Sammlung in den Besitz des Britisch-Museum übergegangen sind
und dort in Frieden ruhen.

26. *Phymata Feredayi* Scott.

Phymata Feredayi Scott, Stettiner Ent. Zeit., XXXI, 102, 1870.
Syrtis » Stål, Enumeratio, V, 136, 1876

»♂ hell ockergelb, mit dunkelbraunen Zeichnungen und kleinen, weisslichen, rauhen
Erhöhungen. Kopf nach vorn in zwei spitze, gestreckte, schwach zurückgebogene Fortsätze verlängert. Rückenschild vorn am schmalsten, die Seitenränder sind erweitert
und zurückgebogen und tief blattartig gezähnt (ähnlich einem Blatte von *Ilex*), in der
Mitte mit einem grossen, etwas eiförmigen Einschnitt. Hinterleib hell ockergelb, viel
breiter als die Flügeldecken; die niederen Winkel der drei ersten Segmente sind in
einen kurzen Dorn verlängert; quer über die Mitte zieht eine breite, schwarze Binde,
die sich unterwärts als ein fünfeckiger Fleck fortsetzt, welcher gewöhnlich nahe an
seinem Innenrande einen ockerfarbenen Fleck einschliesst. Am äusseren Basalwinkel
des dritten und einwärts auf dem sechsten Segment ist ein kleiner pechschwarzer Fleck.
Beine gelb oder grünlich.

Kopf dunkelbraun, zwischen den Augen mit einer tiefen V-förmigen Rinne; die Fortsätze über den Ocellen bilden einen kurzen, scharfen, nach vorn gerichteten Dorn. Fühler röthlichbraun, am vierten Gliede dunkler. Schnabel gelblich oder grünlich, mit pechfarbener Spitze. Pronotum dunkelbraun, querrunzelig, am Vorderrande und vorn am Discus, sowie zwischen den Seitenkielen mehr oder weniger ockerfarbig. Scutellum ockerfarbig oder mit einem bräunlichen Fleck vorn auf jeder Seite des Mittelkieles. Flügeldecken dunkelbraun. Coriumadern mehr oder weniger gelbbräunlich oder braungelb und ebenso ein Fleck von verschiedener Grösse und unregelmässiger Gestalt in der Mitte. Membran pechfarbig, gegen die Spitze heller; die Adern an der Wurzel am dunkelsten. Sternum hell ockerfarbig, mit kleinen, weisslichen, rauhen Erhöhungen. Länge 3 Lin. Auf New-Zealand von Herrn Fereday gefangen, dem zu Ehren ich die Art benenne.«

27. *Phymata conspicua* Scott.

Phymata conspicua Scott, Stettiner Ent. Zeit., XXXI, 102. 1870.
Syrtis » Stål, Enumeratio, V, 136, 1876.

»♂ hell ockergelb, mit braunen Zeichnungen; Kopf und Rückenschild mit kleinen, weissen, rauhen Erhöhungen, dicht, die Flügeldecken nur spärlich damit bedeckt. Kopf vorn nicht verlängert. Am Rückenschilde sind die Seitenränder vorn bis zur Mitte convex, von da an erweitern sie sich bis zu den scharf gezähnten Hinterecken. Hinterleib viel breiter als die Flügeldecken, mit einer breiten, schwarzen Binde über die Mitte. Länge 2³/₄ Linien.

Kopf dunkelbraun, in der Mitte zwischen den Augen heller. Fühler hellbräunlich, am vierten Gliede dunkelbraun.. Schenkel gelblich; das zweite Glied bräunlich mit heller Spitze. Pronotum ockerfarbig weiss, vorn mit einem braunen Fleck, der vom Vorderrand bis zu den Seitenkielen reicht, und mit einem braunen Fleck in der Mitte der Convexität des Seitenrandes. Hinterecken und Hinterrand mehr oder weniger braun gewölkt. Scutellum hell bräunlichweiss. Flügeldecken braun; Spitze des Coriums und die Zellen dunkler; in der Mitte des Coriums ist ein grosser unregelmässiger, weisser Fleck, der bis zum Vorderrande reicht und braun gepünktelt ist. Adern weiss; die Wurzel und die Spitze der ersten sowie der Innenrand braun. Membran hell pechfarben; die Adern an der Wurzel dunkler.

Sternum hell bräunlichgelb, an den Seiten mit kleinen, weissen, rauhen Erhöhungen. Mesosternum längs des Vorderrandes am dunkelsten. Beine gelb; Schienen des zweiten und dritten Paares an der Spitze schwach gebräunt; Tarsen am dritten Gliede bräunlich; Krallen braun. Hinterleib ockerfarben, oben mit einer breiten, schwarzen Binde über die Mitte, unten ganz ockerfarben.

Die Verschiedenheiten an Kopf und Rückenschild lassen diese Art und *Ph. Fereday i* mit Sicherheit unterscheiden. Das einzelne männliche Exemplar wurde gleichfalls von Herrn Fereday auf New-Zealand gefangen.«

Diese Beschreibungen sind zwar lang und ausführlich, enthalten aber doch über viele wesentliche Punkte keine Angaben. Herr Kirkaldy hat die Typen untersucht und constatirt, dass beide Arten wirklich zu *Phymata* gehören. Wenn der angegebene Fundort, Neuseeland, richtig ist, so sind es gewiss gute Arten und wäre deren genaue Prüfung um so interessanter, als alle anderen Arten der Gattung nur in Amerika und Europa vorkommen.

II. Macrocephalus Swederus.

Macrocephalus Swederus, Vet. Akad. Nya Handl., VIII, 183, 1787.
Syrtis Fabricius, Syst. Rhyng., 121, 1803 pp.
Macrocephalus Latreille, Gen Crust. et Ins, III, 137, 1807.
Phymata Lamarck, Hist. Nat., III, 505, 1816 pp.
Macrocephalus St. Fargeau et Serville, Encycl., X, 120, 1825.

> Laporte, Essai, 15, 1832.
> Brullé, Hist. Nat, 347, 1835.
» Burmeister, Handbuch, 252, 1835.
> Blanchard, Hist. Nat, III, 114, 1840.
» Spinola, Essai, 156, 1840.
» Westwood, Trans. Ent. Soc. Lond., III, 22, 1843 pp.
» subgen *Macrothyreus* Westwood, ibid., III, 30, 1843.
» Amyot et Serville, Hist. Nat., 292, 1843.
» Spinola, Tavola sinottica, 44, 1850.
» Fieber, Europ. Hemipt., 34, 1861.
» Walker, Catalogue, VI, 170, 172, 1873.
» Stål, Enumeratio, V, 132, 1876.

Kopf in der Richtung der Längsachse stärker entwickelt, fast cylindrisch, mit flach gerundeten Seiten; weder ober den grossen gewölbten und abgerundeten Facettaugen, noch unter denselben ist eine Fühlerrinne zu sehen. Kein Stirnfortsatz entwickelt; Tylus ziemlich deutlich begrenzt, nicht vorragend. Ocellen immer sehr deutlich, hinter der Mitte auf dem Scheitel liegend. Die Juga umschliessen fast becherförmig die Fühlerbasis. Genae an der Vorderseite des Kopfes unter den Fühlern zusammenstossend und daselbst mit je einer deutlichen Fühlerrinne versehen. Bucculae gut geschieden, vorn nicht vereinigt und die kleine Oberlippe freilassend. Unterseite des Kopfes mit einer gut begrenzten Rinne, die nur Raum zur Aufnahme des kräftigen Rüssels bietet, dessen erstes (zweites) Glied am längsten ist und dessen kurzes drittes (viertes) oder Endglied wie bei *Phymata* spitz zuläuft.

Fig. 18.
Kopf von *M. tuberosus* Westw.

Die Fühler sind nach demselben Principe gebaut wie bei *Phymata*, aber in der Regel dicker und kürzer; die zwei mittleren Glieder sind nie so dünn und schlank, und das Endglied (viertes) ist bei den meisten Arten sehr dick keulenförmig oder knopfartig. In der Ruhe werden die Fühler nicht wie bei *Phymata* auf die Seite gelegt, sondern nach unten geschlagen, so dass sich ihr erstes Glied in die Rinne an der Vorderseite der Genae legt, während sich die folgenden Glieder dem Rüssel anschmiegen.

An der Seite des Thorax ist keine Fühlerrinne zu bemerken. Die Seitenränder des Pronotum sind nie mit einem comprimirten Rande versehen, nie wie bei *Phymata* gelappt oder gezackt. Die vordere, mehr kegelförmige Partie des Prothorax ist von der breiteren, verschieden gestalteten hinteren Partie meistens sehr deutlich geschieden; auf der Oberseite sind fast immer eine deutliche Mittelfurche und zwei nach hinten divergente, bei den einzelnen Arten verschieden entwickelte Kiele zu sehen. Das Scutellum ist immer mächtig entwickelt und erreicht das Ende des Hinterleibes; es ist breit zungenförmig, hinten abgerundet, meistens mit einem Mittelkiel versehen und bedeckt den grössten Theil der Flügel und des Abdomen. Ecken der Vorderbrust vorgezogen.

Corium der Vorderflügel schmal, die Membran gross und gut entwickelt, ihre dritte (scheinbar erste) Längsader einfach, nicht verzweigt. Zwischen der fünften und siebenten Ader liegen zwei sehr grosse Zellen, im Uebrigen sind auch diese Längsadern nicht verästelt, und das Geäder erscheint dadurch viel einfacher als bei *Phymata*. Hinterflügel mit deutlichem Hamus. Zwischen der sechsten und achten Concavader liegt eine einfache, zwischen der achten und zehnten eine getheilte Convexader; der Anallappen ist deutlich.

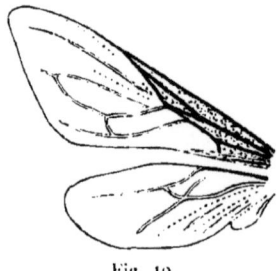

Fig. 19.
Macrocephalus notatus Westw.

Die Vorderbeine sind ähnlich wie bei *Phymata* nach dem *Mantis*-Typus gebaut, ihre Hüften stark entwickelt, ebenso die Schenkel, an deren untere Kante sich die gekrümmte Tibie anschliesst. An der Aussenseite dieser Tibie ist höchstens die Andeutung einer Rinne vorhanden, in der ich jedoch, selbst bei Anwendung starker Vergrösserungen, keine Spur eines Tarsus wahrnehmen konnte. Die Mittel- und Hinterbeine sind ganz ähnlich gebildet wie bei *Phymata*, meistens kurz und kräftig; das erste Glied ihrer Tarsen ist sehr kurz, das zweite — das End- oder Klauenglied — lang und etwas gebogen.

Hinterleib in der Grundform mehr oder minder breit herzförmig, selten schmal und mehr elliptisch, oben flach und unten mässig gewölbt; im Gegensatze zu *Phymata* liegt seine breiteste Stelle immer weiter vorn, in der Gegend des zweiten und dritten Segmentes. Die Connexiva sind von bescheideneren Dimensionen als bei den meisten Phymaten, in der Regel einfach ganzrandig, nicht so verschieden gestaltet wie bei diesen. Die Genitalsegmente sind im Wesentlichen ganz ähnlich wie bei *Phymata*, Integument, Sculptur und Färbung verhalten sich gleichfalls ähnlich.

Die *Macrocephalus*-Arten sind im Allgemeinen nicht so variabel wie jene der Gattung *Phymata*; sie bewohnen ausschliesslich Amerika.

Tabelle zur Bestimmung der Arten.

1 Körper und besonders der Thorax reichlich mit borstentragenden, spitzigen
  Höckerchen besetzt 2
    ohne borstentragende Höckerchen 3

2 Kiele des Pronotum in deutliche Höcker emporgezogen. 6·5—8·5 Mm. Venezuela. ♂ ♀   asper Stål.
    — ·· ohne Höcker. 6·5 7·5 Mm. Centralamerika. ♂ ♀
                                              spiculosus Champ.

3 Scheitel und vordere Partie des Pronotum mit starken glatten Warzen; Seitenecken des Pronotum doppelt ausgeschnitten; Scutellum zwischen der Basis und
  der Mitte stark verschmälert, mit feinem einfachen Mittelkiel; Vorderbeine auffallend warzig, ebenso der Mesosternalkiel. 8—11 Mm. Cuba. ♂ ♀
                                                    rugosipes Guér.
    — — — — — — ohne Warzen; auch sonst sehr verschieden 4

4 Auffallend schlank gebaut; das Scutellum $2\frac{1}{2}$ mal so lang als breit; Seiten des
  Hinterleibes kaum hervortretend. Kiel des Scutellum einfach, gegen die Basis zu
  etwas verwischt   5

Immer viel weniger schlank; das Scutellum fast nie mehr wie doppelt so lang
als breit; Seiten des Abdomen immer deutlich hervortretend — oder sonst sehr
verschieden 7

5 Seitenecken des Pronotum deutlich ausgeschnitten. Hintere Partie des Pronotum stärker gewölbt, in der Seitenansicht daher deutlicher von der vorderen
abgesetzt. (Viertes Fühlerglied des ♂ dreimal so lang als breit.) 10 Mm.
Panama. ♂   **attenuatus** Champ.

— — nicht deutlich ausgeschnitten. Hintere Partie des Pronotum schwächer
gewölbt, in der Seitenansicht daher kaum von der vorderen Partie geschieden   6

6 Viertes Fühlerglied des ♂ $4\frac{1}{2}$ mal so lang als breit. 10—11 Mm. Centralamerika. ♂ ♀   **angustatus** Champ.

— kaum dreimal so lang als breit. 8·5 Mm. Columbien. ♂
                                         macilentus Westw.

7 Scutellum ohne deutlichen Kiel, entweder flach oder leicht blasig gewölbt . .   8

— immer mit einem deutlichen sehr verschiedenartigen Mittelkiel, der oft zum
Theil blasenartig erweitert ist . . . . ;   9

8 Scutellum in der grösseren hinteren Partie abgeflacht; Vorderschenkel $2\frac{1}{2}$ mal
so lang als breit, schlank. 9 Mm. Südamerika ♂   **crassimanus** Fabr.

— — — — — - flach blasenartig gewölbt; Vorderschenkel weniger schlank.
6 Mm. Venezuela. ♀   **Bergrothi** m.

9 Scutellum mit einer über die ganze Länge reichenden, im Umrisse fast lanzettförmigen, dachartigen Erhebung, die an ihrer breitesten Stelle das mittlere
Drittel des Scutellum einnimmt. Pronotum mit sehr stark entwickelten Höckern
auf den Kielen; seine Seitenecken breit abgestutzt, fast zweibuchtig. (Endglied
der Fühler dick, nicht viel länger als die zwei vorhergehenden Glieder zusammen.) 11—12 Mm. Brasilien. ♂ ♀   **affinis** Guérin.

— entweder mit einem einfachen Mittelkiel oder im Basaltheile mit einer flachen
blasenartigen Erhebung von verschiedener Form, oder sonst sehr verschieden   10

10 Scutellum mit einer flachen, blasenartigen, mehr oder minder breiten, verkehrt
lanzett- bis spiessförmigen oder fast elliptischen Erhebung, die von der Basis
bis zur Mitte oder über die Mitte hinaus reicht und sich dann als feiner Kiel
bis zum Hinterende fortsetzt. Kiele des Pronotum manchmal mit deutlichen
Höckern 11

— ohne oder nur mit einer kurzen blasigen Erweiterung an der Basis. Kiele
des Pronotum immer ohne Höcker 19

11 Blasenartige Erhebung des Scutellum nach hinten nicht scharf begrenzt, fast
elliptisch. Kiele des Pronotum ohne Höcker. 6·5 Mm. Venezuela. ♂
                                      vesiculosa m.

— - — - meistens sehr gut begrenzt und anders geformt, verkehrt
lanzett- bis spiessförmig. Pronotum manchmal mit Höckern. Grössere Arten   12

12 Nordamerikanische Arten. Blasenartige Erhebung des Scutellum nie sehr breit.
Pronotum ohne Höcker 13

Süd- oder centralamerikanische Arten. Erhebung meistens breiter. Pronotum
manchmal mit Höckern 14

13 Blasenartige Erhebung an der breitesten Stelle weniger als $\frac{1}{3}$ der Breite des
Scutellum einnehmend: Fig. 21. Viertes Fühlerglied des ♂ dreimal so lang als
breit, zweimal so lang als die zwei vorhergehenden Glieder zusammen. 9·5 bis
11 Mm. Nordamerika. ♂ ♀   **manicatus** Fabr.

Blasenartige Erhebung an der breitesten Stelle ein Drittel des Scutellum bedeckend: Fig. 20. Viertes Fühlerglied (σ) $2\,^1/_3$ mal so lang als breit, $1\,^1/_3$ mal so lang als die zwei vorhergehenden Glieder zusammen. 9—10·5 Mm. Nordamerika. σ φ cimicoides Swed.

14 Kiele des Pronotum stark hervortretend, fast höckerartig, dessen Seitenecken deutlich aufgebogen 15

- — — nicht höckerartig, Seitenecken nicht deutlich aufgebogen 16

15 Hinterleib bei dem σ länger als breit, bei dem φ so lang als breit; die Connexiva des zweiten und dritten Segmentes im männlichen Geschlechte etwas länger als breit. σ: drittes Fühlerglied fast doppelt so lang als breit, viertes mehr als dreimal so lang als breit, doppelt so lang als das zweite und dritte zusammen. φ: viertes Fühlerglied $2\,^2/_3$ mal so lang als breit, $1\,^1/_2$ mal so lang als das zweite und dritte zusammen. 8·5—9·5 Mm. Venezuela. σ φ Reuteri m.

— in beiden Geschlechtern nicht länger als breit; das zweite und dritte Connexivum des σ so lang als breit. σ: drittes Fühlerglied etwas mehr als $1\,^1/_2$ mal so lang als breit, viertes $2\,^1/_3$ mal so lang als breit, $1\,^1/_2$ mal so lang als das zweite und dritte zusammen. φ: viertes Fühlerglied doppelt so lang als breit, ebenso lang als das zweite und dritte zusammen. 8—10 Mm. Brasilien. σ φ crassus m.

16 Seitenecken des Pronotum deutlich gekerbt 17

— — — nicht gekerbt 18

17 σ: drittes Fühlerglied doppelt so lang als breit, viertes $2\,^2/_3$ mal so lang als breit, $1\,^3/_4$ mal so lang als das zweite und dritte zusammen. φ: drittes Fühlerglied $2\,^1/_3$ mal so lang als breit, viertes fast dreimal so lang als breit, $1\,^1/_2$ mal so lang als das zweite und dritte zusammen. 9—11 Mm. Centralamerika und nördlicher Theil Südamerikas. σ φ notatus Westw.

σ: drittes Fühlerglied $1\,^1/_2$ mal so lang als breit, viertes $2\,^1/_2$ mal so lang als breit, $1\,^1/_2$ mal so lang als das zweite und dritte zusammen. φ: ähnlich wie beim σ, viertes Glied kaum oder gar nicht länger als die zwei vorhergehenden Glieder zusammen. 9—11 Mm. Brasilien. σ φ tuberosus Westw.

18 Blasige Erhebung des Scutellum lang und schlank, reichlich punktirt. Körper reichlich granulirt und schlank. 8 Mm. Nicaragua. σ aspersus Champ.

— — — — kurz und breit, glatt. Körper nicht auffallend granulirt, breit und gedrungen. 7—8·5 mm. Panama. σ φ Panamensis Champ.

19 Drittes Fühlerglied beim σ dreimal, beim φ fast viermal so lang als breit. Viertes Glied fast viermal so lang als breit, ebenso lang als das zweite und dritte zusammen. Thorax flach, mit schwachen Kielen. Scutellum mit einfachem, scharfem Mittelkiel, zwischen der Basis und der Mitte stark verschmälert. 9 bis 10 Mm. Centralamerika. σ φ granulatus Champ.

— — stets viel kürzer; auch sonst sehr verschieden 20

20 Endglied der Fühler (σ) ungefähr sechsmal so lang als breit, mehr als doppelt so lang als das zweite und dritte zusammen. Der feine Mittelkiel des Scutellum liegt auf einer schmalen, fast dachförmigen Erhebung und ist bis zur Spitze gleichmässig entwickelt. Körper schlank und ziemlich gross. 9—9·5 Mm. Centralamerika. σ Falleni Stål.

— — — viel kürzer. Auch sonst sehr verschieden. Meist kleinere Thiere von breiterem, gedrungenerem Körperbau 21

21 Scutellum mit einer breiten, verkehrt spiessförmigen, nahe bis zur Mitte reichenden blasenartigen Erhebung. 7—8·5 Mm. Panama. ♂ ♀

Panamensis Champ.

— ohne Erhebung oder mit einer viel kleineren und anders geformten . . . 22

22 Scutellum an der Basis mit einer ¹⁄₃ der Länge einnehmenden dreilappigen, ganz glatten Erhebung. Seitenecken des Pronotum aufgebogen. 7 Mm. Cuba. ♀

Westwoodi Guér.

— — — — ohne oder höchstens mit einer kleinen, schmalelliptischen, glatten blasigen Erhebung oder mit einer weisslichen lappigen Zeichnung 23

23 Das erste Drittel des Scutellarkieles zu einer glatten, gelben, fast elliptischen Blase erweitert. Endglied der Fühler dreimal so lang als dick, $1\frac{1}{2}$ mal so lang als die zwei vorhergehenden zusammen. Seitenecken des Pronotum deutlich ausgeschnitten. 6 Mm. Brasilien. ♂ **parvulus** m.

Höchstens das erste Viertel des Scutellarkieles erweitert. Endglied der Fühler kürzer 24

24 Scutellum etwas mehr wie doppelt so lang als breit, das erste Viertel seiner Basis zu einer fast elliptischen, gelben, glänzenden Blase erweitert. Hinterleib (♂) um ¹⁄₄ länger als breit, kaum breiter als der Thorax. Viertes Fühlerglied etwas weniger wie $2\frac{1}{2}$ mal so lang als breit, kaum $1\frac{1}{3}$ mal so lang als die zwei vorhergehenden Glieder zusammen. 7 Mm. Nordamerika (?). ♂

gracilis m.

— höchstens doppelt so lang als breit oder sonst sehr verschieden . 25

25 Insulare Arten . . . 26

Continentale Arten 27

26 Körper ziemlich flach, kleiner und zarter gebaut. Abdomen länger als breit. 5—5·5 Mm. Cuba. ♂ ♀ **pulchellus** Westw.

— dicker und grösser. Hinterleib nicht länger als breit. 6—7·5 Mm. Haiti. ♂ ♀

leucographus Westw.

27 Scutellum $1\frac{3}{4}$ mal so lang als breit. Körper sehr kurz und gedrungen. Punktirung des Scutellum hinten bedeutend feiner als vorn und auf dem Pronotum 28

— fast doppelt so lang als breit. Körper entschieden schlanker. Punktirung des Scutellum gröber 29

28 5·5 Mm. Brasilien. ♀ (cf. descriptionem) **Mopsus** m.

6·5 Mm. Centralamerika. ♀ (cf. descriptionem) **inaequalis** Champ.

29 Von der Seite gesehen erscheint der Thorax nur sehr schwach gewölbt und die Basis des Scutellum kaum eingedrückt. Punktirung des Scutellum durchaus sehr grob. 5·5—6·5 Mm. Nord- und Centralamerika. ♂ ♀

prehensilis Fabr.

— — — — — — — stärker gewölbt und die Basis des Scutellum deutlich eingedrückt 30

30 Punktirung des Scutellum etwas feiner. Wölbung des Pronotum stärker. Vorderpartie des Prothorax (♂) gelb. 6—6·5 Mm. Centralamerika. ♂ ♀ (cf. descriptionem) **lepidus** Stål.

— — — gröber. Wölbung des Pronotum etwas schwächer. Vordere Partie des Pronotum (♂) dunkel (cf. descriptionem). 6—6·5 Mm. Centralamerika

Ståli m.

1. *Macrocephalus cimicoides* Swederus.

Taf. IX, Fig. 26

Macrocephalus cimicoides Swederus, Vet. Akad. nya Handl, VIII. 185. Taf. 8, Fig. 1, 1787.
Phymata macrocephalus Lamarck, Hist. Nat., III, 307. 1816 pp.
! *Macrocephalus manicatus* Burmeister, Handbuch, II. 252, 1835.
?   »   *cimicoides* Brullé. Hist Nat., 348, 1835 pp.
?   »   »   Blanchard, Hist. Nat., III, 114. 1840.
   »   »   Westwood, Trans. Ent. Soc. Lond., III, 23. Taf. 2, Fig. 5, 1843.
!   »   »   Stål, Hem. Fabric., I. 94, 1868.
!   »   »   »   Enumeratio, V, 135, 1876.

Kräftig, aber nicht auffallend gedrungen gebaut, mässig flach.

Kopf oben ohne Höcker, Bucculae sowie die Ränder der Rüsselrinne sehr deutlich mit Wärzchen besetzt. Erstes Rüsselglied nicht länger als das zweite. Fühler (Taf. IX, Fig. 26) kurz und dick, ihr erstes Glied, von der Seite gesehen, nicht länger als breit, das zweite fast kugelig, das dritte eiförmig, 1^{1}_{2} mal so lang als breit, das dicke Endglied beim ♂ nur $2^{1}/_{3}$ mal so lang als breit und nur um $^{1}/_{3}$ länger als das zweite und dritte Glied zusammen, beim ♀ etwas kürzer als beim ♂. Pronotum deutlich gewölbt, mit gut ausgeprägtem Mitteleindruck und deutlichen, nicht höckerartig emporragenden Kielen; seine Seitenecken sind nicht nach oben gerichtet und deutlich ausgeschnitten. Ecken der Vorderbrust nicht in eine Spitze ausgezogen und nicht dornig, nur mit zahlreichen rundlichen Wärzchen besetzt. Mesosternalkiel einfach, nicht warzig. Scutellum flach, ungefähr $2^{1}/_{3}$ mal so lang als breit, seine Seitenränder vor der Mitte etwas geschwungen; von der Basis bis zur Mitte reicht eine verkehrt spiessförmige, ziemlich flache, glatte Erhebung, welche sich nach hinten rasch verjüngt und in einen feinen Mittelkiel ausläuft. Die Breite dieser Erhebung beträgt immer mindestens ein Drittel von jener des ganzen Scutellum. Der Hinterleib erscheint im Umrisse fast herzförmig, ist breiter als der Thorax und erreicht seine grösste Breite an der Grenze des zweiten und dritten Segmentes. Connexiva ganzrandig, weder eckig vorragend, noch ausgebuchtet. An der Oberseite erscheinen die Connexiva des zweiten und dritten Segmentes so breit als lang. Bei gefalteten Flügeln ragt an der breitesten Stelle des Hinterleibes ausser den ganzen Connexiven noch ein schmaler Streif der Dorsalplatten hervor.

Fig. 20.
M. cimicoides
Swed. ♂
Scutellum.

Vorderhüften fast doppelt so lang als breit. Schenkel etwas mehr wie doppelt so lang als breit, von der Basis bis zur Mitte allmälig erweitert, an der Basis so wie die Coxen mit einigen nicht sehr auffallenden Wärzchen. Mittel- und Hinterschenkel unten mit zahlreichen Dornwarzen besetzt.

Der Kopf, die vordere Hälfte des Pronotum und die Thoraxseiten zeigen nur eine feine Sculptur mit zahlreichen feinen Körnchen. Der hintere Theil des Pronotum und das Scutellum, letzteres besonders an der Basis, sehr grob und unregelmässig grubig punktirt, reichlich mit feinen lichten Schüppchen besetzt.

Grundfarbe ist ein mehr oder weniger dunkles Braunroth, die spiessförmige Erhebung des Schildchens immer lichtgelb. Kopf, Fühler und der hintere Theil des Pronotum und des Scutellum oft verdunkelt. Quer über die Mitte des Pronotum zieht eine lichtere Binde. Corium gegen die Basis zu gelblich, die Membran gebräunt. 9—10·5 Mm.

Untersucht wurden: 2 ♂ aus Florida (Coll. Montandon), 1 ♂ aus Georgia (Mus. Berolin.), von Burmeister erwähnt, 1 ♀ aus Canada (Boisduval in Mus. Leiden), 1 ♀ (Coll. Paykull im Mus. Stockholm) mit der Bezeichnung »manicata« von Fabricius. Das letztgenannte Exemplar ist trotzdem nicht als Type des *mani-catus* aufzufassen, denn Fabricius sagt nach der Beschreibung ausdrücklich: Carolina. Mus. dom. Bosc.

Ich zweifle nicht, dass die oben beschriebene Art wirklich mit der von Swederus beschriebenen Form (aus Georgien) identisch ist, die Lamarck ganz überflüssiger Weise umgetauft hat. Burmeister hielt, so wie die meisten anderen Autoren, *cimicoides* für identisch mit *manicatus* Fab., scheint aber an die Priorität des ersteren Namens gar nicht gedacht zu haben. Westwood copirt die Originalbeschreibung und Abbildung. Bei Brullé und Blanchard ist nicht zu erkennen, ob sie nur *cimicoides* oder auch *manicatus* vor sich gehabt haben.

2. *Macrocephalus manicatus* Fabricius.

Taf. IX, Fig 25

! *Syrtis manicata* Fabricius, Syst. Rhyng, 123, 1803.
  »   »   Wolff, Icones, Fasc. 5, 167, Taf. 17, Fig. 163, 1811.
Phymata macrocephalus Lamarck, Hist. Nat., III, 507, 1816 pp.
! *Syrtis manicata* Latreille, Tabl. Encycl., Taf. 374, Fig. 7, 1818.
Macrocephalus manicatus St. Fargeau et Serville, Encycl., X, 120, 1825.
?   »   *cimicoides* Brullé, Hist. Nat., 348, 1835 pp.
?   »   »   Blanchard, Hist Nat, III, 114, 1840
  »   *manicatus* Westwood, Trans. Ent. Soc. Lond, III, 23, 1843
!   »   *cimicoides* Stål, Hem. Fabric., I, 94, 1868.
!   »   »   »   Enumeratio, V, 135, 1876.

Dem *M. cimicoides* Swed. ausserordentlich ähnlich.

Kopf wie bei *cimicoides*, die Fühler aber verschieden (Taf. IX. Fig. 25): ♂ viertes Glied dreimal so lang als breit und doppelt so lang als das zweite und dritte zusammen, die ersten drei Glieder ähnlich wie bei der genannten Art. Pronotum ganz ähnlich, ebenso das Scutellum in Bezug auf die Gesammtform. Der erhabene Mittelfleck ist jedoch viel schmäler und länger, lanzettförmig, nach hinten ganz allmälig verjüngt und in einen Kiel auslaufend; seine Breite beträgt selbst an der breitesten Stelle entschieden weniger als ein Drittel von jener des Scutellum. Beine, Flügel und Abdomen ganz ähnlich wie bei *cimicoides* Swed., ebenso die Sculptur und die Farbe. 9·5—11 Mm.

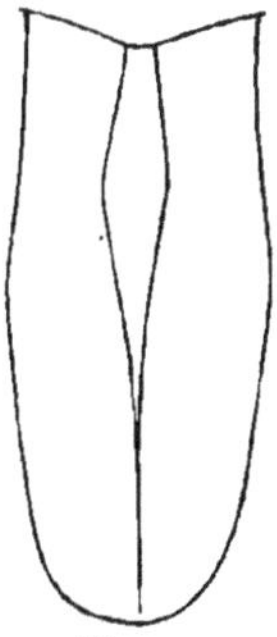

Fig. 21.

Scutellum von
M. manicatus F.

Untersucht wurden 2 ♂ aus Texas (Stockholmer Museum), Stål's Typen, 1 ♂ mit der Bezeichnung »Latreille, Amerika« (Leidener Museum), 1 ♀ aus Carolina (Coll. Bosc im Pariser Museum), die Type von Fabricius, 1 ♀ ohne Fundort (Pariser Museum), von Amyot als »manicata« bestimmt, und 1 ♀ mit der wohl irrthümlichen Bezeichnung »Brasilien« (Genfer Museum).

Wolff's Abbildung ist zu licht gehalten, lässt die Art aber doch an der Form des Scutellumfleckes erkennen; sein Exemplar stammte aus Carolina. Brullé scheint ausser dieser und der vorhergehenden Art auch noch *notatus* Westw. und *tuberosus* Westw. in seinem *cimicoides* vereinigt zu haben. Westwood copirte die Originalbeschreibung; auch Stål hat *cimicoides* und *manicatus* vermengt.

3. *Macrocephalus notatus* Westwood.

Taf. IX, Fig. 27, 28.

? *Macrocephalus cimicoides* Brullé, Hist. Nat., 348, 1835 pp.
?   »   Blanchard, Hist. Nat., III, 114, 1840 pp.
!   »   *notatus* Westwood, Trans Ent. Soc., III, 24, 1843 (excl. var.).
!   »   *incisus* Stål, Stett. Ent., XXIII. 440, 1862.
!   »   *cliens*   »   ibid., 440, 1862.
!   »   *notatus* »   Enumeratio, V, 135, 1876.
?   »   *incisus* »   ibid., 135, 1876.

Mit den beiden vorhergehenden Arten sehr nahe verwandt. Der Kopf ganz ähnlich, die Fühler verschieden: ♂ zweites Glied etwas länger als breit, knopfartig, drittes Glied keulenförmig, beinahe doppelt so lang als breit, viertes Glied dick, $2^2/_3$ mal so

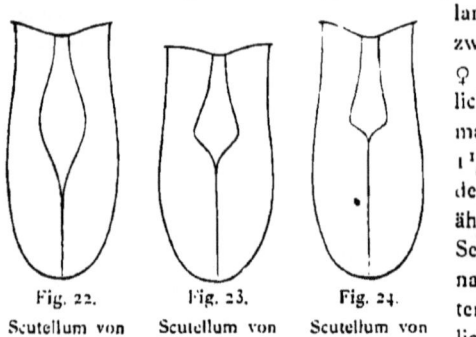

lang als breit, $1^3/_4$ mal so lang als die zwei vorhergehenden Glieder zusammen; ♀ das zweite und dritte Glied ganz ähnlich wie bei dem ♂, das vierte fast dreimal so lang als breit, etwas weniger wie $1^1/_2$ mal so lang als die zwei vorhergehenden Glieder zusammen. Pronotum ganz ähnlich wie bei *cimicoides* Swed., seine Seitenecken, von hinten betrachtet, nicht nach oben gerichtet, deutlich ausgeschnitten. Scutellum in der Form ganz ähnlich wie bei *cimicoides* Swed., sein erhabener Mittelfleck von sehr variabler Form, kaum bei zwei Exemplaren ganz

Fig. 22.   Fig. 23.   Fig. 24.
Scutellum von   Scutellum von   Scutellum von
M. notatus ♂ *M. notatus* ♂ *M. notatus* ♂
(incisus St.!) Costarica.   Costarica.

gleich, immer aber ziemlich breit lanzett- bis spiessförmig, hinten mehr oder minder unvermittelt in einen Kiel auslaufend, meistens etwas über die Mitte des Scutellum hinausragend und mindestens ein Drittel von dessen Breite einnehmend.

Im männlichen Geschlechte ist der Hinterleib etwas schmäler als bei den zwei vorhergehenden Arten; die Oberseite der Connexiva des zweiten und dritten Ringes erscheint länger als breit. Flügel und Beine ähnlich wie bei den vorhergehenden Arten.

Sculptur ähnlich wie bei *cimicoides* Swed. und *manicatus* Fab.; die gelbgrauen kleinen Körnchen stellenweise sehr reichlich. Grundfarbe meistens lichter als bei den genannten Arten, besonders im weiblichen Geschlechte oft fast röthlichgelb. Der Kopf mit den Fühlern, die hintere Partie des Prothorax und Scutellum sind bei den Männchen mehr oder weniger verdunkelt, oft fast schwarz; der erhabene Theil des Scutellum ist immer hellgelb. 9—11 Mm.

M. notatus Westw. ist über den continentalen Theil Centralamerikas und den nördlichsten Theil Südamerikas verbreitet. Ich fand kleine individuelle Unterschiede in den Längenverhältnissen der Fühlerglieder, in der Breite der Connexiva und selbst in der Länge der Seitenecken des Pronotum; auch die Gestalt und Grösse der erhabenen Partie des Scutellum variirt ziemlich stark. Ein Versuch, mehrere Arten zu fixiren, misslang jedoch vorläufig; vielleicht gelingt er einmal an der Hand eines reicheren Materiales. Vorläufig will ich mich darauf beschränken, einzelne mir verschieden erscheinende Formen näher zu bezeichnen:

2 ♂ aus Costarica haben den Scutellarfleck auffallend kurz und hinten fast jäh abgebrochen (das eine mehr, das andere weniger). Die Ecken des Pronotum sind von normaler Länge, die Connexiva des zweiten und dritten Segmentes schmal.

4 ♂ aus Mexico haben einen längeren, hinten nicht so unvermittelt verschmälerten, mehr lanzettförmigen Scutellarfleck. Pronotum und Connexiva wie bei den oben genannten Exemplaren aus Costarica. Unter diesen Stücken sind die Typen von *incisus* und *cliens* Stål.

2 ♂ aus Guatemala und 1 ♂ aus Neu-Granada, letzteres von Stål als *notatus* bestimmt, haben die Connexiva des zweiten und dritten Ringes etwas breiter, den Fleck des Scutellum etwas kürzer, den Prothorax jedoch ganz so wie die mexicanischen.

2 ♂ aus Columbien, Typen zu Westwood's *notatus*, sind ganz ähnlich wie die Exemplare aus Guatemala und Neu-Granada, nur haben sie etwas kürzere Seitenecken des Pronotum.

Bei den weiblichen Individuen kann ich keine solchen Unterschiede finden.

Untersucht wurden: 1 ♂ aus Mexico (Coll. Signoret im Wiener Museum), auffallend licht gefärbt, Type zu Stål's *cliens*; 1 ♂ aus Mexico (Coll. Signoret im Wiener Museum), auffallend dunkel, Type zu Stål's *incisus*; 1 ♂ aus Tabasco (Stockholmer Museum), mittelfärbig, Type zu Stål's *incisus*; 1 dunkles ♂ aus Mexico (Pariser Museum), 2 mittelfärbige ♂ aus Costarica (Coll. Montandon et Noualhier), 1 dunkles ♂ aus Guatemala, Escuintla (Wiener Museum), 1 mittelfärbiges ♂ aus Neu-Granada (Stockholmer Museum), von Stål als *notatus* bestimmt; 2 ziemlich lichte ♂ aus Columbien (»Lebas 1830«, Pariser Museum), die Typen von Westwood's *notatus*; 1 ♂ von Sumichrast auf dem Isthmus von Tehuantepec gesammelt (Coll. Montandon), ferner 3 ♀ von Bilimek in Mexico gesammelt (Wiener Museum), 1 ♀ aus Veragua (Berliner Museum), 1 ♀ aus Laguaira (Coll. Signoret im Wiener Museum) und 2 ♀ aus Mexico (Pariser und Pester Museum).

Brullé und Blanchard haben wohl auch Exemplare dieser Art unter ihrem *cimicoides* gehabt. Die von Westwood angeführte Varietät gehört zur folgenden Art.

4. *Macrocephalus tuberosus* Westwood.

Taf. VII, Fig. 1.

: *Macrocephalus cimicoides* Brullé, Hist. Nat., 348, 1835 pp.
? » » Blanchard, Hist. Nat., III, 114, 1840 pp.
! | *notatus* var. Westwood, Trans. Ent. Soc., III, 24, 1843.
! | » *tuberosus* » ibid., III, 24, 1843.
! | » *obscurus* » » »
! | » *tuberosus* Stål, Enumeratio, V, 135, 1876.
! | » *obscurus* ibid., 135, 1876.

Mit *M. notatus* Westw. ausserordentlich nahe verwandt. Der Kopf ganz ähnlich. Fühler: ♂ zweites Glied kaum länger als breit, drittes Glied entschieden kürzer als bei *notatus* W., nur 1 $^1/_2$ mal so lang als dick, viertes Glied 2 $^1/_2$ mal so lang als breit, beiläufig 1 $^1/_2$ mal so lang als das zweite und dritte zusammen; bei dem ♀ ist das zweite und dritte Glied kaum verschieden, das dritte nur wenig länger, das vierte kaum oder gar nicht länger als die zwei vorhergehenden zusammen. Die Ecken des Pronotum sind deutlich ausgeschnitten, nicht nach oben gerichtet; die Längskiele sind nicht in Höcker emporgerichtet. Der erhabene Mittelfleck des Scutellum ist auch bei dieser Art etwas variabel, im Allgemeinen ähnlich geformt wie bei den mexicanischen Exemplaren der vorhergehenden Art, breit lanzettförmig; er reicht etwas über die Mitte hinaus und verjüngt sich allmälig zu einem einfachen Kiel. Seine grösste Breite beträgt immer mindestens ein Drittel von jener des Scutellum. Hinterleib ganz ähnlich wie bei *notatus* Westw., die Connexiva der zweiten und dritten Dorsalplatte im männlichen Geschlechte länger als breit. Beine und Flügel ganz ähnlich wie bei den vorhergehenden Arten, ebenso die Sculptur und die Färbung. 9—11 Mm.

M. tuberosus Westw. ist über den ganzen centralen Theil Südamerikas verbreitet, also eine typisch brasilianische Art.

Ich untersuchte 2 ♂ und 6 ♀ aus Lambare (Berliner Museum), 1 ♀ aus Cassapava, die Type von Westwood's *tuberosus*, 1 ♂ mit der Bezeichnung »Ouest. Capita. Des Mines« (Pariser Museum), die Type zur Varietät des *notatus* von Westwood, 1 ♂ aus Paraguay (Pariser Museum), 1 ♂ aus Brasilien (Wiener Museum), 1 ♀ aus Montevideo (Coll. Noualhier), 1 ♀ aus Brasilien (Coll. Signoret im Wiener Museum), Stål's Type des *M. obscurus* und 1 ♂ aus Rio de Janeiro (Pariser Museum).

5. *Macrocephalus Reuteri* n. sp.

Taf. IX, Fig. 30, 31.

Den beiden vorhergehenden Arten ungemein ähnlich und nur bei sehr genauer Untersuchung zu trennen. Der Kopf fast ganz wie bei diesen Arten, die Fühler (Taf. IX, Fig. 30—31) etwas länger: ♂ zweites Glied deutlich länger als breit, nicht so stark knopfartig wie bei *notatus* W., das dritte fast doppelt so lang als breit, das vierte mehr wie dreimal so lang als breit, doppelt so lang als die zwei vorhergehenden Glieder zusammen; ♀ zweites und drittes Glied ähnlich wie im männlichen Geschlechte, das vierte 2²/₃ mal so lang als breit, nicht ganz 1¹/₂ mal so lang als das zweite und dritte zusammen. Der Körper erscheint im Ganzen etwas mehr gedrungen als bei den genannten Arten, die Kiele des Pronotum treten stärker hervor und bilden beinahe je einen Höcker; die Seitenecken sind entschieden schief nach oben und aussen gerichtet und deutlich ausgeschnitten. Scutellum ähnlich wie bei den vorhergehenden Arten, sein erhabener Mittelfleck reicht etwas über die Mitte und ist sehr breit, verkehrt lanzettförmig, nach hinten rasch verjüngt, fast wie bei den columbischen Exemplaren des *notatus* W. Die Connexiva der zweiten und dritten Dorsalplatte sind im männlichen Geschlechte etwas länger als breit. Sculptur und Granulirung sind ähnlich wie bei den genannten Arten, ebenso die Beine und die Flügel. Die Grundfarbe ist bräunlich- oder röthlichgelb, auf dem Scutellum mehr grau, im männlichen Geschlechte etwas dunkler als im weiblichen; die hintere Hälfte des Pronotum, ein Fleck am Ende des Scutellum, der Kopf und die Fühler des ♂ sind verdunkelt. Fühler des ♀ und Beine in beiden Geschlechtern grünlichgelb. 8·5—9·5 Mm.

2 ♂ und 1 ♀ aus der Sammlung des Herrn Bergroth in San Esteban (Venezuela) von Herrn E. Simon im März 1888 gesammelt und 1 ♀ aus Puerto Cabello in Venezuela, von Sievers gesammelt, Eigenthum des Hamburger Museums.

Ich erlaube mir diese Art Herrn Prof. O. M. Reuter zu widmen, dem bekannten Gelehrten, dessen gediegene Arbeiten jedem Hemipterologen als Vorbild dienen müssen.

6. *Macrocephalus crassus* n. sp.

Den vorhergehenden Arten sehr ähnlich, aber verhältnissmässig dicker und kürzer. Kopf ganz ähnlich; die Fühler kürzer als bei *Reuteri* m., beim ♂ das zweite Glied kaum länger als breit, das dritte etwas mehr wie $1\,^1/_2$ mal so lang als breit, das vierte $2\,^1/_3$ mal so lang als breit, $1\,^1/_2$ mal so lang als die zwei vorhergehenden Glieder zusammen. Im weiblichen Geschlechte ist das zweite und dritte Glied ähnlich wie im männlichen, das vierte doppelt so lang als breit und gleich lang wie die zwei vorhergehenden zusammen. Der Thorax erscheint mehr gedrungen, der vordere Theil des Pronotum ist kürzer, und die Seitenecken sind deutlich schief nach aussen und oben gerichtet, deutlich ausgeschnitten, die Mittelkiele gut entwickelt und hinter der Mitte des Pronotum in je einen zusammengedrückten zahnartigen Höcker ausgezogen. Scutellum mit schwach geschweiften Seitenrändern. Der erhabene Mittelfleck nach hinten nicht scharf begrenzt, gröber, aber nicht so dicht punktirt wie die Umgebung, bei dem ♂ schmäler, bei dem ♀ breiter verkehrt spiessförmig; er erreicht die Mitte des Scutellum und verschmälert sich nach hinten ziemlich unvermittelt zu einem einfachen Längskiel. Beine und Flügel sind ähnlich wie bei den vorhergehenden Arten. Das Abdomen ist sehr breit, gedrungen und herzförmig, in beiden Geschlechtern nicht länger als breit. Connexiva am Rande sehr leicht ausgebuchtet, ihre Ecken daher etwas vortretend. Connexiva der zweiten und dritten Dorsalplatte des ♂ fast quadratisch. Hinterende des ♀ in der Mitte deutlich ausgeschnitten (♂ undeutlich). Sculptur ähnlich wie bei den vorhergehenden Arten. Färbung bei dem ♂ dunkler braunroth, theilweise braungrau, die Beine und die Basis des Scutellum lichter, der Kopf, ein Theil der Fühler, des Thorax und der Connexiva schwärzlich; im weiblichen Geschlechte ist der Grundton gelbbraun oder grünlich, der Thorax hinten dunkler, das Abdomen mehr bräunlichroth. Mittelfleck des Scutellum gelblich. 8—10 Mm.

1 ♂ aus Brasilien (Coll. Fallou im Mus. Paris.), 1 ♀ aus Bahia (Wiener Museum).

7. *Macrocephalus aspersus* Champion.

Taf. IX, Fig 29.

! *Macrocephalus aspersus* Champion, Biol. Centr. Amer., 1898.

♂. Aehnlich gebaut wie *notatus* Westw. und *tuberosus* Westw. Der Kopf ganz ähnlich, die Fühler jedoch viel schlanker, ihr zweites Glied knopfartig, etwas länger als breit, das dritte viel schlanker, keulenförmig und dreimal so lang als breit, das vierte schlank keulenförmig, mehr wie $3\,^1/_2$ mal so lang als breit, $1\,^3/_4$ mal so lang als das zweite und dritte zusammen. Thorax ähnlich wie bei den genannten Arten, die Seitenecken des Pronotum jedoch nur mit der Andeutung eines Ausschnittes und gar nicht nach oben gerichtet, die Kiele ohne Spur von Höckern und nur in der Mitte ganz deutlich entwickelt. Beine und Flügel gleichfalls sehr ähnlich, ebenso das Scutellum, dessen erhabener Mitteltheil zwei Drittel der Länge und mehr als ein Drittel der Breite einnimmt, nach hinten allmälig in einen feinen Kiel verläuft. Dieser blasige Mitteltheil ist hier, im Gegensatze zu den vorhergehenden Arten, nicht glatt und glänzend, sondern matt, gleichmässig deutlich punktirt und in der Mitte der Länge nach sehr undeutlich gekielt. Hinterleib nicht breiter als der Thorax, die Connexiva der Dorsalplatten viel länger als breit. Sculptur ähnlich, aber nicht so grob wie bei den vorhergehenden Arten, der ganze Körper sehr reichlich mit gleichmässigen kleinen, lichten, schuppenartigen Körnchen bedeckt. Gelblich, der Kopf, der Thorax und das Scutellum nach hinten zu etwas mehr grau. Fühler, Genae und Bucculae sind gebräunt, die Beine licht. 8 Mm.

1 ♂ von Janson bei Chontales in Nicaragua gesammelt. Herr Champion war so liebenswürdig, mir das Originalexemplar, welches Eigenthum der Herren Godmann und Salvin ist, zur Ansicht zu senden.

Die Art ist wohl mit den vorhergehenden Arten nahe verwandt, an den angegebenen Merkmalen aber sehr leicht zu erkennen.

8. *Macrocephalus vesiculosus* n. sp.

Taf. VII. Fig. 3.

♂. Zierlich und ziemlich schlank gebaut. Kopf ähnlich wie bei *cimicoides* Swed. Von den Fühlern sind bei dem einzigen mir vorliegenden Exemplare leider nur zwei Glieder erhalten; das erste Glied ist sehr kurz, das zweite fast kugelig, nicht länger als dick. Ich schliesse daraus, dass auch die folgenden Glieder verhältnissmässig kurz und gedrungen sind. Pronotum ziemlich kurz und breit, nicht stark gewölbt, seine Seitenecken nach aussen gerichtet, nicht stark vorspringend und am Ende nur sehr schwach ausgebuchtet; Mittelkiele deutlich, aber nicht zu Höckern emporgezogen. Ecken der Vorderbrust nicht stark vortretend, nur mit unscheinbaren Wärzchen besetzt; der Mittelkiel des Mesosternum unbewehrt. Scutellum von der Basis nach hinten zu allmälig, aber deutlich verbreitert, seine Seitenränder schwach geschwungen. Von der Basis des Scutellum bis über die Mitte hinaus reicht eine flache blasige Erhebung von elliptischer Form, welche nahezu halb so breit als das ganze Scutellum, nicht scharf begrenzt und etwas weniger dicht punktirt ist als die Umgebung. Der feine Mittelkiel ist über die ganze Blase zu verfolgen, wird aber erst hinter derselben sehr deutlich. Vorderschenkel im Verhältniss etwas breiter als bei *cimicoides* Swed., reichlich mit kleinen Wärzchen besetzt. Mittel- und Hinterschenkel oben mit kleinen Körnchen, unten vor dem Ende mit einigen kleinen Wärzchen. Hinterleib viel länger als breit, nicht breiter als der Thorax; nur ein Theil der ganzrandigen Connexiva freiliegend. Kopf, Thorax und Seiten des Hinterleibes sind reichlich mit kleinen Körnchen besetzt, rauh; die hintere Partie des Pronotum mässig grob punktirt, das Scutellum an der Basis gröber, weiter hinten ziemlich fein und dicht punktirt. Der Körper ist weder behaart, noch mit Börstchen besetzt, licht braungelb, der hintere Theil des Pronotum braun, das Scutellum braungrau, licht melirt, unmittelbar hinter der Blase jederseits mit einem grossen dunklen Fleck. Fühler und Beine sind licht gelblichbraun, stellenweise dunkler. 6 Mm.

1 ♂ aus Laguayra (Coll. Signoret in Mus. Caes. Vindobon.).

M. vesiculosus steht ziemlich isolirt, scheint aber immerhin in näherer Beziehung zu den vorhergehenden Arten zu stehen als zu irgend einer anderen Form.

9. *Macrocephalus parvulus* n. sp.

Taf. VII, Fig. 2.

♂. Im Allgemeinen den vorhergehenden, mit *cimicoides* verwandten Arten ähnlich, aber kleiner und zierlicher gebaut. Kopf ganz ähnlich, die Fühler etwas schlanker, ihr zweites Glied $1\frac{1}{2}$ mal so lang als breit, das dritte mehr wie doppelt so lang als breit, das vierte dreimal so lang als breit und etwas weniger wie $1\frac{1}{2}$ mal so lang als die zwei vorhergehenden Glieder zusammen. Thorax ähnlich geformt wie bei den genannten

Arten; das Pronotum deutlich gewölbt, seine Seitenecken nur nach aussen und nicht nach oben gerichtet, deutlich ausgeschnitten; Kiele deutlich, ohne Höcker. Scutellum kaum doppelt so lang als breit, nach vorne zu etwas verschmälert; seine Seiten kaum geschwungen. Der Mittelkiel ist sehr deutlich und in seinem ersten Drittel zu einer glatten, fast lanzettförmigen Blase erweitert, welche beiläufig ein Viertel der Breite des Scutellum einnimmt. Auch die Beine sind im Allgemeinen ähnlich wie bei den genannten Arten, die Vorderschenkel jedoch etwas dicker; Mittel- und Hinterschenkel ohne deutliche Wärzchen. Das Abdomen ist ungefähr um $^1/_3$ länger als breit und ziemlich gleich breit mit dem Thorax. Ausser den schmalen ganzrandigen Connexiven liegt auch noch ein schmaler Streif der Dorsalplatten frei. Die Sculptur ist im Allgemeinen ziemlich fein und gleichmässig, in der hinteren Partie des Pronotum und an der Basis des Scutellum aber sehr grob. Der ganze Körper ist kahl und trägt nur wenige Schüppchen oder Körnchen, seine Grundfarbe ist gelb, Kopf, Fühler, der hintere Theil des Prothorax sind braun, das Schildchen grau und braun melirt mit einem dunklen Fleck hinter der Mitte. Vorderbeine verdunkelt. 6 Mm.

1 ♂ aus Brasilien, Eigenthum des Herrn A. L. Montandon.

M. parvulus schliesst sich ziemlich natürlich an die Gruppe der mit *cimicoides* Swed. nahe verwandten Arten an und ist von allen wohl leicht' an den angegebenen Merkmalen, namentlich an der kurzen blasenartigen Erweiterung des Scutellarkieles zu unterscheiden.

10. *Macrocephalus gracilis* n. sp.

Taf. IX, Fig. 32.

♂. Von der Gestalt des *M. parvulus* m., aber etwas schlanker. Kopf ähnlich wie bei der genannten Art. Fühler: zweites Glied dick, $1^1/_2$ mal so lang als breit, drittes Glied fast zweimal so lang als breit, viertes etwas weniger wie $2^1/_2$ mal so lang als breit, kaum $1^1/_3$ mal so lang als die zwei vorhergehenden Glieder zusammen. Pronotum ziemlich flach, seine Kiele deutlich, aber nicht höckerig, Seitenecken wenig vortretend, kaum ausgeschnitten, nach aussen gerichtet und nicht aufgebogen. Ecken der Vorderbrust nur mit kleinen Spitzchen. Mesosternalkiel unbewehrt. Scutellum etwas mehr wie doppelt so lang als breit, vor der Mitte deutlich verschmälert, mit geschwungenen Seitenrändern und sehr scharfem feinen Mittelkiel, welcher im ersten Viertel seiner Länge zu einer kleinen, länglichen, glänzenden gelben Blase erweitert ist. Bei dem einen mir vorliegenden Exemplare fehlen die Vorderbeine. Mittel- und Hinterschenkel sind oben und unten vor dem Ende mit einigen undeutlichen Wärzchen besetzt. Die Breite des Hinterleibes beträgt $^3/_4$ seiner Länge und kaum mehr als jene des Thorax. An den Seiten ist nur ein Theil der ganzrandigen Connexiva unbedeckt. Kopf, vordere Hälfte des Pronotum, Brust und Seiten des Hinterleibes sind reichlich mit Körnchen besetzt, der hintere Theil des Pronotum ist sehr grob punktirt, das Scutellum an der Basis gröber, hinten dichter und feiner punktirt. Kopf und Fühler sind dunkelbraun, der Rüssel ist gelb, der Thorax oben braun, unten gelb; das Scutellum und Corium braun und gelblich melirt, ersteres vor dem Ende mit einem grossen schwärzlichen Fleck. Hinterleib und Beine sind gelb. 7 Mm.

1 ♂ mit der Bezeichnung »Amerique du Nord« aus der Sammlung des Herrn M. Noualhier.

M. gracilis m. hat die grösste Aehnlichkeit mit *parvulus* m., ist aber an den angegebenen Merkmalen leicht zu unterscheiden. Ob der angegebene Fundort richtig ist, kann ich nicht mit Sicherheit behaupten.

11. *Macrocephalus Bergrothi* n. sp.

Taf. VII. Fig. 4.

♂. Aehnlich gebaut wie die beiden vorhergehenden Arten, aber etwas weniger schlank. Kopf ähnlich wie bei *cimicoides* und den verwandten Arten. Das zweite Fühlerglied kaum länger als breit, das dritte $1^2/_3$ mal, das vierte $2^2/_3$ mal so lang als breit und etwas mehr wie $1^1/_2$ mal so lang als das zweite und dritte zusammen. Thorax mässig gewölbt, seine Kiele schwach ausgeprägt, die Seitenecken kaum vorspringend, nicht deutlich ausgeschnitten und nicht aufgebogen. Vorderecken der Vorderbrust nicht spitz vortretend, Mesosternalkiel unbewehrt. Scutellum doppelt so lang als breit, vorn schmäler als hinten, an der Basis flach und gleich dahinter der ganzen Breite nach flach blasenartig gewölbt; sein Längskiel nur an der Basis gut erhalten. Abdomen kaum breiter als der Thorax, die Connexiva ganzrandig. Schenkel oben reichlich mit Wärzchen besetzt, die vorderen dicker als bei *cimicoides* Swed., namentlich in ihrer Endhälfte verhältnissmässig stärker erweitert. Kopf, vordere Partie des Pronotum und Brustseiten sehr reichlich mit scharfen Körnchen besetzt, die Ventralplatten viel undeutlicher granulirt. Der hintere Theil des Pronotum ist feiner und dichter punktirt als bei den vorhergehenden Arten, die flache Basis des Scutellum sehr grob, der gewölbte hintere Theil dagegen fein und mässig dicht punktirt. Membran glashell mit lichten Adern. Das ganze Thier ist kahl und fahlgelb, stellenweise etwas röthlich verdunkelt. Corium gelb, am Endrande röthlich. Fühler und Beine sind theilweise grünlich. 6 Mm.

1 ♀ aus Venezuela, Eigenthum des Museums in Kopenhagen. Ich widme diese auffallende, an dem flach gewölbten Scutellum sehr leicht kenntliche Art Herrn E. Bergroth, dem bekannten Entomologen in Tammerfors, durch dessen gütige Vermittlung ich das interessante Materiale aus der Kopenhagener Sammlung zur Ansicht erhielt.

12. *Macrocephalus prehensilis* Fabricius.

! *Syrtis prehensilis* Fabr., Syst. Rhyng., 123, 1803.
      »   »   Wolff, Icones, Fasc. 5, 168, Taf. 17, Fig. 164, 1811.
Macrocephalus prehensilis St Fargeau et Serville, Encycl., X, 120, 1825.
!   »   »   Westwood, Trans. Ent. Soc., III, 26, 1843.
    »   *pallidus*   »   ibid., III, 26, 1843.
!   »   *prehensilis* Amyot et Serville, Hist. nat., 293, 1843.
!   »   »   Stål, Enumeratio. V. 135, 1876.

Körper kurz und breit, auffallend flach. Der Kopf ähnlich wie bei den vorhergehenden Arten, die Fühler kurz und dick, ihr zweites Glied nur etwas länger als dick, das dritte ungefähr doppelt so lang als breit, das vierte im männlichen Geschlechte $2^1/_4$—$2^1/_2$ mal so lang als breit, im weiblichen nur doppelt so lang (oder um eine Spur länger) als breit, ungefähr um $^1/_4$ länger als die zwei vorhergehenden zusammen. Prothorax auffallend flach, seine Seitenecken kaum vortretend, gar nicht aufgebogen und nicht ausgeschnitten. Kiele nur schwach entwickelt. Scutellum nicht ganz doppelt so lang wie breit, gegen die Basis zu nicht stark verschmälert und an den Seiten kaum geschwungen; der Mittelkiel ist durchaus fein und scharf, nur an der äussersten Basis etwas verdickt und mit einem glänzenden gelben Fleck versehen. Von hinten betrachtet steigt die mittlere Partie des Scutellum gegen den Kiel zu sehr flach dachartig an; von der Seite gesehen verläuft der Mittelkiel fast ganz gerade und ist an der Basis nicht merklich eingedrückt. Ecken der Vorderbrust stark bewehrt, Mesosternalkiel unbewehrt.

Vorderschenkel $1^3/_4$ mal so lang als breit, unten in der Mitte unvermittelt erweitert, reichlich mit Körnchen besetzt. Mittel- und Hinterschenkel oben und unten reichlich granulirt. Abdomen deutlich breiter als der Thorax, beim ♀ breiter als beim ♂, bei diesem nur wenig, bei jenem gar nicht länger als breit. Connexiva ganzrandig, auf dem zweiten und dritten Segmente nicht länger als breit, freiliegend.

Kopf, Brustseiten und Hinterleib sind reichlich mässig grob granulirt, der hintere Theil des Pronotum sehr grob grubig punktirt, das Scutellum noch gröber, fast wabenartig. Grundfarbe des kahlen Körpers fahlgelblich; im männlichen Geschlechte ist in der Regel der grösste Theil der Oberseite des Kopfes und des Thorax nebst einem mehr oder minder breiten Längsstreifen über die Mitte des Scutellum und einigen Punkten an dessen Seiten schwärzlich. Fühler des ♂ verdunkelt, Beine licht. Membran hyalin mit lichten Adern. 5·5—6 Mm.

Ich untersuchte ungefähr 20 Exemplare aus Carolina und Texas, Eigenthum der Museen in Wien, Genf, Paris, Stockholm, Berlin und Leiden, darunter Typen von Fabricius, Amyot, Stål und Westwood. Ausser den oben angeführten Fundorten sind auch Exemplare in Georgien und in New-Mexico (teste Champion) gefunden worden.

M. prehensilis Fab. ist mit den nächstfolgenden Arten sehr nahe verwandt, von allen vorhergehenden durch die angegebenen Merkmale sehr leicht zu trennen.

13. *Macrocephalus Ståli* n. sp.

! *Macrocephalus lepidus* Stål, Stett. Ent., XXIII, 440, 1862 pp.
! » » » Enumeratio, V, 135. 1876 pp.

Ganz ähnlich gebaut wie *M. prehensilis* F., aber nicht so flach. Der Kopf ganz ähnlich, ebenso die Fühler: ♂ zweites Glied etwas über $1^1/_3$ mal, drittes fast doppelt, viertes $2^2/_3$ mal so lang als breit, $1^1/_3$ mal so lang als das zweite und dritte Glied zusammen; bei dem ♀ ist das zweite und dritte Glied ganz ähnlich, das vierte doppelt so lang als breit und kaum länger als das zweite und dritte Glied zusammen. Prothorax im Umrisse ähnlich wie bei *prehensilis* F., aber nicht so flach, entschieden stärker gewölbt, die Kiele etwas deutlicher, die Seitenecken weder aufgebogen noch ausgeschnitten. Scutellum ähnlich geformt wie bei der genannten Art, sein Mittelkiel, von der Seite gesehen, gleich hinter der Basis deutlich eingedrückt; Scutellum in der Mitte kaum dachartig erhaben. Beine und Hinterleib ganz ähnlich wie bei *prehensilis* F.

Die Granulirung ist namentlich in der vorderen Partie des Pronotum und an dessen Seitenrändern stärker entwickelt als bei der genannten Art, die Körnchen sind scharf und verleihen der Oberfläche ein rauhes Aussehen. Die Punktirung ist ähnlich grob wie bei der vorhergehenden Art, auf dem hinteren Theile des Scutellum vielleicht um eine Spur feiner. Die gelbe Grundfarbe wird im männlichen Geschlechte auf dem Kopfe, der Oberseite des Thorax und dem grössten Theile des Scutellum durch Schwarz verdrängt. Auch auf den Connexiven des dritten oder des zweiten und dritten Segmentes sind schwärzliche Flecken. Manchmal ist auch ein Theil der Thoraxseiten schwarz. Bei dem ♀ sind ähnliche Zeichnungen vorhanden, doch sind sie mehr verwischt und bräunlich oder grau. Beine gelb, Fühler des Mannes verdunkelt. Kiel des Scutellum mit gelbem Basalfleck. 6—6·5 Mm.

Ich untersuchte 10 ♂ und 2 ♀ aus Mexico: Guanajuato und Chilpancingo in Guerrero. Stål hat Exemplare dieser Art als *lepidus* bestimmt, ich selbst hielt sie anfangs für eine Varietät des *prehensilis* F. und wurde erst durch Herrn Champión auf einige Unterschiede aufmerksam gemacht. Den Namen *lepidus* St. kann diese Art nicht führen, weil Stål's erste Beschreibung nicht auf die oben beschriebenen Exemplare passt.

14. *Macrocephalus lepidus* Stål.

Taf. VIII, Fig. 5; Taf. IX, Fig. 33, 34.

! *Macrocephalus lepidus* Stål, Stett. Ent., XXIII, 440, 1862 pp.
! » » » Enumeratio, V, 135, 1876 pp.

Aehnlich gebaut wie die zwei vorhergehenden Arten, aber noch weniger flach. Kopf ganz ähnlich wie bei *prehensilis* F. Im männlichen Geschlechte ist das zweite Fühlerglied 1 1/2 mal, das dritte doppelt so lang als breit, das vierte kaum mehr wie doppelt so lang als breit, nur 1 1/3 mal so lang als die zwei vorhergehenden zusammen, im weiblichen Geschlechte ist das zweite nicht merklich länger als dick, das dritte 1 1/2 mal, das vierte nicht ganz doppelt so lang als breit und nur ebenso lang als die zwei vorhergehenden zusammen. Pronotum entschieden stärker gewölbt als bei den vorhergehenden Arten, seine Seitenecken kaum vorragend, schwach aufgebogen und sehr undeutlich ausgeschnitten. Kiele deutlich, aber nicht höckerig. Scutellum flach, gegen den Mittelkiel nicht dachartig ansteigend, im Umrisse ähnlich wie bei *prehensilis* F. Der scharfe Mittelkiel ist, von der Seite gesehen, an der Basis viel stärker eingedrückt als bei den beiden vorhergehenden Arten. Beine und Flügel ganz ähnlich wie bei *prehensilis* F., die Membran jedoch deutlich beraucht. Hinterleib nicht länger als breit, die Connexiva ganzrandig, breit. Kopf, vorderer Theil des Pronotum, Pleuren und Hinterleib reichlich granulirt; hintere Partie des Pronotum sehr grob punktirt, Scutellum an der Basis sehr grob, dahinter aber viel feiner und dichter punktirt als bei den zwei vorhergehenden Arten. Grundfarbe mehr oder weniger licht gelb; nur die hintere Partie des Pronotum, je ein grosser Fleck an der Basis, in der Mitte und am Ende des Scutellum (oft verschmolzen) und ein Fleck auf den Connexiven im weiblichen Geschlechte bräunlich, im männlichen dunkelbraun bis schwarz. Kopf und Fühler des ♂ grösstentheils dunkel. Beine gelb. 6—6·5 Mm.

Ich untersuchte circa 20 Exemplare dieser, wie es scheint, ausschliesslich in Centralamerika (Mexico und Guatemala) vorkommenden Art, darunter mehrere Typen Stål's, die mit der ersten Beschreibung vollkommen übereinstimmen. Später hat Stål, wie erwähnt, auch Exemplare der vorhergehenden Art als *lepidus* bezeichnet.

15. *Macrocephalus Mopsus* n. sp.

Taf. IX, Fig. 36.

♀. Auffallend kurz und gedrungen, breit und nicht so flach wie *prehensilis* F., ungefähr wie *lepidus* St. Kopf ganz ähnlich wie bei den vorhergehenden Arten, das zweite Fühlerglied 1 1/2 mal, das dritte doppelt, das vierte doppelt so lang als breit und nicht ganz 1 1/3 mal so lang als die zwei vorhergehenden Glieder zusammen. Pronotum deutlich gewölbt, seine Kiele nur in der Mitte gut erhalten, die Seitenecken kaum vortretend, weder aufgebogen, noch ausgeschnitten. Ecken der Vorderbrust mit kleinem Wärzchen. Mesosternalkiel unbewehrt. Scutellum 1 3/4 mal so lang als breit, nach hinten wenig erweitert, mit schwach geschwungenen Seitenrändern, flach, gegen den scharfen, an der Basis etwas verdickten und dahinter deutlich niedergedrückten Kiel zu nicht dachartig ansteigend. Membran beraucht. Vorderbeine ganz ähnlich wie bei den genannten Arten, die Schenkel, sowie jene der Mittel- und Hinterbeine reichlich mit Körnchen besetzt. Abdomen sehr breit herzförmig, seine ganzrandigen Connexiva bis zum sechsten Segmente freiliegend. Kopf, Vordertheil des Pronotum, Pleuren und Abdomen reichlich granulirt, die hintere Partie des Pronotum dicht grubig punktirt, ebenso das ganze Scutellum an der Basis gröber, nach hinten zu feiner. Der ganze Körper mit Einschluss der Fühler und Beine ist röthlich braungelb, der hintere Theil des Pronotum und die Basis des Scutellum etwas dunkler als die umliegenden Theile. 5·5 Mm.

1 ♀ aus Brasilien (Coll. Signoret im Wiener Museum). *M. Mopsus* ist sicher mit den vorhergehenden Arten nahe verwandt, an der noch kürzeren, gedrungenen Gestalt aber leicht zu unterscheiden.

16. *Macrocephalus inaequalis* Champion.

Taf. IX, Fig. 35.

! *Macrocephalus inaequalis* Champion, Biol. Centr. Amer., 1898.

♀. Mit den vorhergehenden Arten nahe verwandt, fast so gedrungen gebaut wie *Mopsus* m., viel gedrungener als *prehensilis* F. Der Kopf ähnlich wie bei den genannten Arten, ebenso die Fühler, deren zweites Glied fast $1\frac{1}{2}$ mal, das dritte 1^3 , mal und das vierte doppelt so lang als breit, kaum um $\frac{1}{5}$ länger als das zweite und dritte zusammen. Thorax ziemlich flach, fast wie bei *prehensilis* F., aber entschieden weniger schlank, $1\frac{1}{2}$ mal so breit als lang; seine Seitenecken schärfer abgesetzt, etwas ausgeschnitten, aber nicht deutlich aufgebogen, die Kiele nicht stark hervortretend. Das Scutellum ist $1\frac{3}{4}$ mal so lang als breit, nach hinten auffallend erweitert und fast $1\frac{1}{2}$ mal so breit als an der Basis. Der Kiel ist einfach und scharf, an der Basis fast so schwach eingedrückt wie bei *prehensilis* F. Beine ganz ähnlich wie bei den genannten Arten, Hinterleib nur wenig länger als breit, die Connexiva oben etwas rinnenartig eingedrückt, ganzrandig. In der Contour erscheint der Hinterleib weniger herzförmig als bei den anderen Arten, fast scheibenförmig. Kopf, vordere Partie des Pronotum und Connexiva sehr zart und zerstreut granulirt, die hintere Partie des Prothorax viel feiner punktirt als bei den genannten Arten, nur gegen die Seitenecken zu etwas gröber; Scutellum gleichfalls viel feiner punktirt als bei den verwandten Formen. Grundfarbe röthlichbraun, an der Basis des Scutellum lichter als in der Umgebung. Fühler etwas verdunkelt. 6·5 Mm.

1 ♀ aus Omilteme in Guerrero, im Monate Juli von Herrn H. H. Smith in einer Höhe von 8000 Fuss gesammelt. Das Originalexemplar befindet sich in der Sammlung Godman-Salvin und wurde mir durch Herrn Champion zur Untersuchung überlassen.

17. *Macrocephalus pulchellus* Westwood.

Taf. IX, Fig. 37, 38.

! *Macrocephalus pulchellus* Westwood, Trans. Ent. Soc., III, 25, 1843.
Syrtis (Macrocephalus) pulchella Guérin, Sagra's Cuba, 400, 1857.

Klein und zierlich, ähnlich gebaut wie *lepidus* St., *prehensilis* F. etc., mässig flach. Kopf im Ganzen ähnlich, die Bucculae und der Rand der Rüsselrinne mehr reducirt, der Rüssel erscheint daher mehr freiliegend und der ganze Kopf, von der Seite gesehen, nicht so hoch wie bei *cimicoides* Swed. und den anderen verwandten Arten. Fühler ziemlich schlank, bei dem ♂ das zweite Glied reichlich $1\frac{1}{2}$ mal, das dritte reichlich zweimal, das vierte $2\frac{2}{3}$ mal so lang als breit, nur sehr wenig länger als die

16*

zwei vorhergehenden Glieder zusammen; bei dem ♀ ist das zweite Glied $1^1/_4$ mal, das dritte zweimal, das vierte $2^1/_3$ mal so lang als breit und gleichfalls nur wenig länger als die zwei vorhergehenden zusammen. Pronotum oben ziemlich flach, seine Kiele fein und deutlich, nicht höckerig, die Seitenecken kaum vortretend, weder aufgebogen noch ausgeschnitten. Scutellum nach hinten stark verbreitert, an der schmalsten Stelle fast um $^1/_4$ schmäler als an der breitesten; seine Seiten stark geschwungen. Gegen den feinen, unmittelbar hinter der etwas verdickten Basis niedergedrückten Kiel steigt das Scutellum ähnlich wie bei *prehensilis* F. flach dachartig an. Ecken der Vorderbrust mit einigen Dörnchen, Mesosternalkiel unbewehrt. Vorderschenkel erst hinter der Mitte stark und ziemlich unvermittelt erweitert, sowie die anderen Schenkel spärlich mit kleinen Wärzchen besetzt. Hinterleib breit herzförmig, um $^1/_4$ länger als breit, an den Seiten in der Gegend des zweiten und dritten Segmentes sehr stark vortretend. Kopf, vordere Partie des Prothorax, Brustseiten und Abdomen spärlich und nicht sehr scharf granulirt, die hintere Partie des Pronotum und das Scutellum durch unregelmässige, mässig grobe, dichte Punktirung fast lederartig erscheinend. Die Grundfarbe des kahlen Körpers ist braungelb, beim ♂ sind die Fühler röthlich, Kopf und Thorax oben rothbraun, das Scutellum dunkelbraun, gelblichweiss gezeichnet, licht sind einige Flecken an der Basis, ein grosses Querband über die Mitte und ein kleiner Fleck am Ende. Connexiva des ♂ dunkelbraun gefleckt. Im weiblichen Geschlechte sind ganz ähnliche, aber viel blassere Zeichnungen vorhanden. Fühler und Beine lichter gelb. Membran beraucht. 5—5·5 Mm.

1 ♂ aus Cuba (Berliner Museum), die Type Westwood's, und 1 ♀, gleichfalls aus Cuba, Eigenthum des Stockholmer Museums.

Guérin copirt nur Westwood's Beschreibung, ohne die Art selbst gesehen zu haben.

18. *Macrocephalus leucographus* Westwood.

Taf. IX, Fig. 39.

! *Macrocephalus leucographus* Westwood, Trans. Ent. Soc., III, 25, 1843.

Dick und kurz, sehr kräftig gebaut, nicht so flach wie die Mehrzahl der vorhergehenden Arten. Kopf ähnlich wie bei *pulchellus* W. Bei den Fühlern des Mannes ist das zweite Glied $1^1/_2$ mal, das dritte dreimal, das vierte $2^1/_2$ mal so lang als dick und etwas mehr wie $1^1/_3$ mal so lang als die zwei vorhergehenden zusammen; bei jenen des Weibes ist das zweite $1^1/_3$ mal, das dritte $2^1/_2$ mal, das vierte $2^2/_3$ mal so lang als breit, fast $1^1/_2$ mal so lang als das zweite und dritte zusammen. Thorax sehr dick, oben stark gewölbt, seine Seitenecken kaum vorragend, weder aufgebogen, noch deutlich ausgeschnitten, die Kiele fein und deutlich, nicht höckerig. Ecken der Vorderbrust stark bewehrt, Mesosternalkiel beim ♂ nicht deutlich, beim ♀ deutlich mit Wärzchen besetzt. Scutellum nach hinten mehr (♀) oder weniger (♂) verbreitert, doppelt so lang als breit, mit kaum geschwungenen Seitenrändern; sein Kiel fein und scharf, an der Basis etwas verdickt, dahinter niedergedrückt, nicht auf einer deutlichen dachartigen Erhöhung liegend. Membran stark beraucht, mit bräunlichen Adern. Beine ganz ähnlich wie bei *pulchellus* W., die Hüften und Schenkel jedoch viel stärker mit Körnchen und Dornen bewehrt. Abdomen sehr breit herzförmig, ebenso breit (♂) oder etwas breiter als lang (♀), seine Connexiva ganzrandig, bis zum fünften Segmente freiliegend, sehr breit. Granulirung auf Kopf, Thorax und Abdomen besonders im männlichen Geschlechte sehr scharf ausgeprägt. Körper kahl, in beiden Geschlechtern auffallend verschieden gefärbt: ♂ Kopf, Thorax, Fühler und Beine schwarzbraun,

Scutellum an der Basis mit einem gelappten Mittelfleck, in der Mitte mit einer unregelmässigen Fleckenbinde und am Ende mit einigen unregelmässigen kleinen, aus weisslichen Körnchen gebildeten Flecken. Hinterleib schwarz, mit gelblichweissen Flecken an den Connexiven. ♀ gelb, Kopf oben dunkler, Scutellum bräunlich, mit ähnlichen, aber mehr gelben Zeichnungen wie der ♂; Connexiva bräunlich gefleckt, Fühler und Beine gelb. 6—7·5 Mm.

Ich untersuchte von dieser durch den Geschlechtsdimorphismus auffallenden Art 3 ♂ und 2 ♀ aus Port au Prince auf Haiti (Berliner Mus.), die Typen Westwood's, und 1 ♂ von San Domingo (Leidener Mus.).

M. leucographus W. ist mit *pulchellus* W. und den vorhergehenden Arten gewiss nahe verwandt, an dem viel dickeren Körper und den anderen angegebenen Merkmalen aber leicht zu erkennen.

19. *Macrocephalus Westwoodi* Guérin.

Taf. IX, Fig. 41.

! *Syrtis (Macrocephalus) Westwoodii* Guérin, Sagra's Cuba, 405, 1857.

♀. Dem *M. leucographus* Westw. sehr nahestehend und ganz ähnlich gebaut. Kopf ähnlich, der Ocellenhöcker etwas deutlicher; ober den Augen liegen zwei kleine, flache Höckerchen. Von den Fühlergliedern ist das zweite 1¹/₂ mal, das dritte 2¹/₂ mal, das vierte zweimal so lang als breit und um ¹/₅ länger als das zweite und dritte zusammen. Pronotum stark gewölbt, dick, seine Kiele deutlich, die Seitenecken viel stärker vorragend, stark aufgebogen und deutlich ausgeschnitten. Scutellum doppelt so lang als breit, nach hinten deutlich verbreitert, seine Seitenränder kaum geschwungen, die Mitte gegen den Kiel zu nicht dachartig erhaben. An der Basis liegt eine verkehrt dreilappige, glatte, blasenartige Erhebung von hellgelber Farbe, an deren Ende der feine scharfe Mittelkiel entspringt, und welche höchstens ein Drittel der Länge einnimmt. Von der Seite gesehen erscheint das Scutellum an der Basis sehr stark eingedrückt. Ecken der Vorderbrust kaum bewehrt. Mesosternalkiel am Ende mit einigen dornartigen Wärzchen. Vorderschenkel ähnlich gebaut wie bei *leucographus* Westw., sowie jene der folgenden Beinpaare spärlich mit ziemlich undeutlichen gröberen Körnchen besetzt. Membran deutlich gebräunt. Hinterleib sehr breit herzförmig, nicht länger als breit, seine Connexiva ganzrandig. Kopf, vordere Partie und Seiten des Thorax fein und nicht auffallend granulirt, die hintere Hälfte des Pronotum grob grubig punktirt, das Scutellum an der Basis sehr grob, hinten feiner und schärfer punktirt. Grundfarbe bräunlichgelb, Kopf und hintere Partie des Pronotum braun, Scutellum in der Umgebung des gelben Basalfleckes dunkel und hinten mit einem grossen, halbrunden dunklen Fleck jederseits des Kieles. Connexiva des zweiten und dritten Segmentes theilweise dunkel rothbraun, Fühler und Beine licht. 7 Mm.

1 ♀ aus Cuba, Guérin's Type, Eigenthum des Pariser Museums.

M. Westwoodii Guér. ist gewiss mit *leucographus* W. sehr nahe verwandt, an den aufgebogenen Seiten des Pronotum und an dem dreilappigen erhabenen Fleck des Scutellum aber leicht zu erkennen.

Die Beschreibung des mir unbekannten ♂ lautet nach Guérin: Ochracea, capite antennisque nigris; thorace nigro antice flavo, lateribus postice dilatatis, subemarginatis; scutello nigro-fusco, basi macula ovata, apice fascia arcuata flavis; abdominis lateribus detectis, flavis, fascia media nigra; pedibus flavo-ochraceis, anticis apice fuscis.

20. *Macrocephalus panamensis* Champion.

Taf. IX, Fig. 40.

! *Macrocephalus panamensis* Champion, Biol. Centr. Amer., 1898.

Gestalt ziemlich ähnlich wie bei *leucographus* Westw. Der Kopf ähnlich. Beim ♂ das zweite Fühlerglied 1¹/₂ mal, das dritte fast dreimal, das vierte 3²/₃ mal so lang als breit, fast doppelt so lang als das zweite und dritte zusammen. Beim ♀ das zweite 1¹/₂ mal, das dritte 2¹/₂ mal, das vierte viermal so lang als breit, aber nur etwas mehr wie 1¹/₂ mal so lang als die zwei vorhergehenden Glieder zusammen. Pronotum ganz ähnlich wie bei *leucographus* Westw., seine Ecken weder aufgebogen, noch ausgeschnitten, die Kiele hinten verwischt, nicht in Höcker emporgezogen. Scutellum doppelt so lang als breit, gegen die Basis verschmälert. Von der Basis bis gegen die Mitte reicht ein sehr breiter, fast birnförmiger und fast ganz glatter, blasenartig erhabener, gelber Fleck, der sich dann als feiner Kiel nach hinten fortsetzt. Die Vorderschenkel sind nicht ganz doppelt so lang als breit, ihre grösste Breite liegt nicht wie bei *leucographus* Westw. hinter der Mitte, sondern gerade in der Mitte, die Erweiterung ist

Fig. 25.
M. panamensis ♀.
Scutellum.

nicht so unvermittelt und die Oberfläche nicht so rauh und weniger stark bewehrt als bei *leucographus* Westw. Das Abdomen ist herzförmig, nicht so stark verbreitert wie bei der genannten Art und tritt besonders im männlichen Geschlechte nicht so stark hervor.

Kopf, Thorax und Scutellum sind mit sehr feinen Körnchen schütter besetzt, die vordere Partie des Pronotum kaum, die hintere dicht, ziemlich grob und gleichmässig punktirt. Scutellum vorn gröber, hinten viel feiner und dichter punktirt; auf dem blasigen Fleck stehen nur sehr vereinzelte Punkte. Die Färbung ist in beiden Geschlechtern sehr verschieden: ♂ unten gelb, oben schwarz, nur die Ränder des Pronotum, der Basalfleck des Scutellum nebst der vorderen und hinteren Partie der Connexiva gelb, vor dem Ende des Scutellum mit einem Bogen aus grösseren weisslichen Körnchen. Kopf und Fühler sind dunkel, die Beine gelb, Schenkel und Schienen des ersten Paares dunkel. ♀ gelb, Kopf oben, Hintertheil des Pronotum, Scutellum in der Umgebung des Mittelfleckes und am Ende nebst einem Theile des zweiten und dritten Connexivum dunkler bräunlich. Fühler bräunlich, Beine gelb. 7—8·5 Mm.

Diese Art schliesst sich einerseits durch die gedrungene Gestalt und die Form des Thorax eng an *leucographus* Westw. an, deutet aber durch die Form der Vorderbeine und den grösseren blasigen Fleck an der Basis des Scutellum anderseits wieder auf Beziehungen zu der Gruppe des *M. cimicoides* Swed. hin.

Herr Champion war so liebenswürdig, mir 1 ♂ vom Vulcan Chiriqui (3000 bis 4000 Fuss) und 1 ♀ aus Bugaba (Panama) zur Ansicht zu schicken.

21. *Macrocephalus spiculosus* Champion.

! *Macrocephalus spiculosus* Champion, Biol. Centr. Amer., 1898.

Von gedrungener Gestalt, reichlich mit borstentragenden Wärzchen besetzt, aber nicht so rauh wie die folgende Art. Kopf ähnlich wie bei *M. asper* Stål, aber nicht so lang beborstet. Beim ♂ das zweite Fühlerglied etwas länger als dick, das dritte doppelt, das vierte gleichfalls doppelt so lang als breit, etwas länger als das zweite und dritte zusammen. Im weiblichen Geschlechte sind die Fühler ähnlich, nur ist das vierte Glied 2 $^{1}/_{3}$ mal so lang als breit. Der Thorax ist gewölbt, seine Kiele sind deutlich, aber nicht in Höcker ausgezogen, die Seitenecken etwas aufgebogen, leicht ausgeschnitten. Scutellum an der Basis nicht stark verschmälert, etwas kürzer als bei *asper* Stål, nicht ganz doppelt so lang als breit, mit sehr scharfem einfachen Längskiel. Beine ähnlich wie bei der genannten Art, etwas weniger stark bedornt, der Hinterleib etwas breiter, herzförmig. Der Thorax ist namentlich in der vorderen Partie mit zahlreichen borstentragenden Zäpfchen besetzt, das Scutellum zerstreut grob granulirt. Der freiliegende Theil der Connexiva und des Coriums granulirt, aber nicht so lang beborstet wie bei *asper* Stål. Die ganze Unterseite des Körpers ist etwas weniger rauh als bei der genannten Art.

Das ♀ ist ganz gelb, der ♂ gelb, auf dem Kopfe, den Fühlern, der hinteren Partie des Pronotum und des Scutellum geschwärzt, auch an den Vorderbeinen theilweise verdunkelt. 6·5—7·5 Mm.

Herr Champion sandte mir zur Untersuchung 2 ♂ und 2 ♀ aus Chiacaman in Vera Paz, Atoyac in Vera Cruz (Mai) und Teapa in Tabasca (Februar).

M. spiculosus Ch. steht in der Mitte zwischen den mit *lepidus* Stål und *prehensilis* F. näher verwandten Arten einerseits und *M. asper* Stål anderseits.

22. *Macrocephalus asper* Stål.

Taf. VII, Fig. 7.

! *Macrocephalus asper* Stål. Enumeratio, V. 135, 1876.

Körper ziemlich schlank, auffallend dornig und borstig. Der Rand der Rüsselrinne an der Unterseite des Kopfes deutlich bewehrt. Die drei ersten Fühlerglieder sind mit einzelnen Dornen und Borsten besetzt; bei dem ♂ ist das zweite Glied etwas länger als breit, das dritte 1 $^{1}/_{2}$ mal, das vierte 2 $^{1}/_{2}$ mal so lang als breit und 1 ^{1} $_{2}$ mal so lang als das zweite und dritte zusammen. Im weiblichen Geschlechte ist das zweite Glied kaum 1 $^{1}/_{3}$ mal, das dritte fast doppelt, das vierte 2 $^{1}/_{2}$ mal so lang als breit, 1 $^{1}/_{3}$ mal so lang als die zwei vorhergehenden Glieder zusammen. Pronotum gewölbt, seine Kiele in der hinteren Partie als zahnartige Höcker vortretend, die Seitenecken deutlich vorspringend, etwas aufgebogen und leicht ausgeschnitten. Ecken der Vorderbrust bewehrt, Kiel der Mittelbrust nur mit einigen kleinen Wärzchen. Scutellum flach, mit scharfem Mittelkiel, nach hinten kaum erweitert, seine Seitenränder kaum geschwungen. Membran deutlich beraucht. Hüften der Vorderbeine nur mit einigen Dornen an der Oberseite, die Schenkel dick und kurz, 1 $^{2}/_{3}$ mal so lang als breit, gleich von der Basis an erweitert und auf der ganzen Fläche reichlich mit borstentragenden Wärzchen besetzt. Mittel- und Hinterbeine gleichfalls borstig, aber nur mit wenigen dornartigen Wärzchen auf den Schenkeln. Hinterleib kaum breiter als der Thorax, entschieden länger als breit; seine Connexiva schmal, länger als breit, nur zum Theile freiliegend und an den hinteren Ecken etwas vortretend. Kopf und Thorax oben und an den Seiten mit verschieden grossen borstentragenden Dornwärzchen besetzt. Aehnliche, aber kleinere und feinere Wärzchen finden sich auf dem Scutellum und Abdomen. Grundfarbe ist lehmgelb. Im männlichen Geschlechte sind die Endglieder der Fühler, ein Theil der Vorderbeine, die hintere Partie des Pronotum und einige Flecken des Scutellum mehr oder minder verdunkelt. 6·5 - 8·5 Mm.

1 ♂ aus Laguayra (Coll. Signoret im Wiener Museum), die Type von Stål, 1 ♂ und 2 ♀ aus Adjuntas, Caracas in Venezuela, Eigenthum des Kopenhagener Museums.

M. asper ist leicht zu erkennen und reiht sich durch Vermittlung des *M. spiculosus* Ch. an die Gruppe des *prehensilis* Fab. und *lepidus* Stål an.

23. *Macrocephalus rugosipes* Guérin. .

Taf. V, Fig. 5; Taf. IX, Fig. 42.

! *Syrtis (Macrocephalus) rugosipes* Guérin, Sagra's Cuba, 405, 1857.
! *Macrocephalus rugosipes* Stål, Enumeratio, V, 136, 1876.

Sehr kräftig gebaut, auffallend warzig. Kopf mit sehr grossen Ocellenhöckern und zwei anderen gut entwickelten Warzen vor den Ocellen. Bucculae stark gelappt, Ränder der Rüsselrinne sehr stark bewehrt. Rüssel besonders kräftig, fast ganz freiliegend. Von den Fühlergliedern des ♂ ist das zweite $1\frac{1}{2}$ mal, das dritte $2\frac{2}{3}$ mal, das vierte $2\frac{1}{2}$ mal so lang als breit und ebenso lang als die zwei vorhergehenden Glieder zusammen. (Das einzige mir vorliegende ♀ hat leider keine Fühler.) Pronotum dick, stark gewölbt und an den Seiten stark ausgebuchtet, Seitenecken stark aufgerichtet und vortretend, doppelt ausgeschnitten. Die vordere Partie des Pronotum trägt an der Stelle der Kiele zwei zitzenartige Warzen, die hintere Partie zwei derbe, höckerartig aufgerichtete Kiele. Die Vorderbrustseiten springen fast höckerartig vor und sind an der vorderen Ecke stark bewehrt. Mesosternalkiel auffallend bewehrt, an der Spitze mit einer zackigen Krone. Mittelbrustseiten unten zwischen den Vorder- und Mittelbeinen mit einem starken Dornfortsatz. Scutellum flach, mit scharfem Längskiel, gleich hinter der Basis entschieden verschmälert und hinter der Mitte am breitesten, in der Grundform etwas biscuitförmig, doppelt so lang als breit und unmittelbar hinter der Basis eingedrückt. Membran stark beraucht. Vorderhüften sehr dick und kurz, dornig-warzig, Vorderschenkel erst hinter der Mitte stark verbreitert, sehr stark warzig. Mittel- und Hinterschenkel oben mit zerstreuten kleinen Wärzchen, unten mit mehreren groben zahnartigen Höckerchen. Hinterleib breiter als der Thorax, herzförmig, seine Connexiva breit und an den Ecken etwas vortretend, wodurch der Umriss des Hinterleibes etwas gezackt erscheint.

Die feine Granulirung tritt auf dem Kopf und Thorax ziemlich zurück, dafür sind an mehreren Stellen grössere Wärzchen vorhanden. Der hintere Theil des Pronotum ist sehr grob und unregelmässig, fast runzelig punktirt, ebenso die Basis des Scutellum, dessen übrige Fläche feiner und regelmässiger punktirt und hie und da unregelmässig mit weissen Körnchen besetzt ist. Aehnliche Körnchen finden sich auch auf dem Corium.

Im Gegensatze zu den zwei vorhergehenden Arten ist hier der Körper kahl, Kopf und Thorax sind oben dunkler, unten lichter braun, das Scutellum ist dunkelbraun mit fast schwarzen Flecken, der Hinterleib lehmgelb, oben auf dem dritten Segmente mit einer dunklen Binde, am Hinterende unten schwärzlich. Fühler rothgelb, theilweise verdunkelt, die Beine bräunlich, dunkler melirt. Vorderschenkel und Hüften theilweise schwarzbraun. 8—11 Mm.

Eine sehr auffallende, an den angegebenen Merkmalen leicht kenntliche Art. Ich glaube, sie lässt sich trotz der scheinbar auffallenden Unterschiede ohne Zwang von *lepidus*-ähnlichen Formen herleiten. Untersucht wurde 1 ♀ aus Cuba (Coll. Signoret), die Type von Guérin und Stål und 2 ♂ aus Cuba (Stockholmer und Berliner Museum).

24. *Macrocephalus crassimanus* Fabricius.

Taf. VII, Fig. 6; Taf. IX, Fig. 48.

Syrtis crassimana Fabricius, Syst. Rhyng., 123, 1803.
Macrocephalus crassimanus St. Fargeau et Serville, Encycl., X, 120, 1825.
! » » Westwood, Trans. Ent. Soc., III, 26, 1843.
» » Stål, Hem. Fabric., I, 94, 1868.

♂. Körper ziemlich schlank, mit auffallend glatter Oberfläche. Kopf sehr schlank, der Rüssel mässig kräftig, der Rand der Rüsselrinne mit einigen Zähnchen besetzt. Ocellenhöcker nicht stark entwickelt, vor den Ocellen keine Höcker. Fühler ziemlich schlank, ihr erstes Glied schlanker als gewöhnlich, das zweite fast doppelt, das dritte dreimal, das vierte gleichfalls dreimal so lang als breit, fast $1\frac{1}{2}$ mal so lang als die zwei vorhergehenden Glieder zusammen. Vordere Partie des Pronotum länger als gewöhnlich, ohne Höcker oder Kiele, der hintere Theil ziemlich flach, nur undeutlich gekielt. Seitenecken deutlich vorspringend, nicht aufgebogen und nicht deutlich ausgeschnitten. Ecken der Vorderbrust nicht vorgezogen, mässig bewehrt. Mesosternalkiel unbewehrt. Scutellum nach hinten deutlich verbreitert, seine Seiten schwach geschwungen, sein Mittelkiel fast verloschen und die ganze Fläche mit Ausnahme der äussersten Basis eben, weder blasig gewölbt, noch dachförmig. Vorderhüften sehr lang, nur mit Körnchen besetzt. Vorderschenkel verhältnissmässig schlank, $2\frac{1}{2}$ mal so lang als breit, von der Basis bis zur Mitte allmälig erweitert und nicht sehr deutlich granulirt. Mittel- und Hinterschenkel kaum granulirt, unten fast unbewehrt. Hinterleib etwas breiter als der Thorax, seine Connexiva ganzrandig, länger als breit. Der Körper ist schütter und fein granulirt, kahl, der hintere Theil des Pronotum nicht sehr grob, das Scutellum fein und dicht, nur an der Basis etwas gröber punktirt. Die lehmgelbe Grundfarbe ist auf dem hinteren Theile des Pronotum, auf dem Corium und der Oberseite des Kopfes durch dunkelbraune Farbe verdrängt. Fühler braun, auf dem vierten Gliede mit einem schwarzen Ring. Beine gelb, die mittleren und hinteren stellenweise röthlich. 9 Mm.

1 ♂ von »San Jean« in Südamerika, die Type Westwood's aus dem Berliner Museum.

M. crassimanus F. steht ziemlich isolirt. Vielleicht sind noch Beziehungen zu den mit *macilentus* W. verwandten Formen vorhanden.

25. *Macrocephalus macilentus* Westwood.

Taf. VII, Fig. 9; Taf. IX. Fig. 44.

! *Macrocephalus macilentus* Westwood, Trans. Ent. Soc., III, 27, Taf. 2, Fig. 6, 1843.

♂. Auffallend schmal und schlank. Kopf lang, Bucculae wenig hervortretend, von dem Rande der Rüsselrinne kaum geschieden. Ocellenhöcker nicht entwickelt. Rüssel schlank, fast anliegend. Zweites und drittes Fühlerglied fast gleich, $1\frac{2}{3}$ mal so lang als breit, das vierte fast dreimal so lang als breit, etwas mehr als $1\frac{1}{3}$ mal so lang als das zweite und dritte zusammen. Prothorax sehr schlank, von der Seite gesehen gleichmässig gewölbt und in der Mitte nicht eingeschnürt; die vordere Partie ohne Höcker, die Kiele nicht gut ausgeprägt, die Seitenecken fast kegelförmig zugespitzt, nach aussen gerichtet und nicht ausgeschnitten. Ecken der Vorderbrust nicht scharf vortretend, mit zahlreichen Wärzchen besetzt. Mesosternalkiel unbewehrt. Scutellum sehr lang zungenförmig, hinter der Basis sehr deutlich verschmälert, mit deutlich geschwungenen Seitenrändern, $2^1/_2$ mal so lang als breit; der Kiel nur in der Endhälfte scharf und deutlich, in der Basalhälfte verbreitert und verflacht. Vorder- und Hinterflügel deutlich beraucht. Beine ähnlich wie bei *crassimanus* F., die Vorderhüften nicht deutlich bewehrt, die Vorderschenkel schlank, mit kaum zu bemerkender Granulirung. Mittel- und Hinterbeine auffallend kurz, reichlich mit kleinen weisslichen Körnchen besetzt, die Schenkel an der Unterseite fast gesägt. Hinterleib sehr schlank, $1^3/_4$ mal so lang als breit, seine Oberseite fast ganz durch das Scutellum und die Coria bedeckt, die Connexiva schmal, ganzrandig.

Der Kopf, die vordere Partie und die Seiten des Thorax und der Hinterleib sehr reichlich mit scharfen, mässig grossen Körnchen bedeckt; auch an den übrigen Körpertheilen sind stellenweise feine Körnchen zu sehen. Der hintere Theil des Thorax und die Basis des Scutellum sind ganz besonders grob und tief grubig punktirt, der übrige Theil des letzteren etwas feiner. Körper kahl, rostgelb, stellenweise röthlich, an der oberen Seite des Kopfes und in der hinteren Partie des Pronotum gebräunt. Fühler oben verdunkelt, Beine gelbbraun, die hinteren röthlich. 8·5 Mm.

Durch den auffallend schlanken Körper von allen vorhergehenden Arten verschieden.

1 ♂ aus Columbien (Lebas in Mus. Paris.), die Type von Westwood.

26. *Macrocephalus attenuatus* Champion.
Taf. IX, Fig. 46.

! *Macrocephalus attenuatus* Champion, Biol. Centr. Amer., 1898.

♂. Der vorhergehenden Art ausserordentlich ähnlich. Der Kopf kaum verschieden; das zweite Fühlerglied fast doppelt, das dritte doppelt so lang als breit, das vierte dreimal so lang als breit, $1^2/_3$ mal so lang als das zweite und dritte zusammen. Thorax ähnlich gebaut, sehr stark verlängert, in der hinteren Partie des Pronotum stärker gewölbt als bei *macilentus* W. und daher, von der Seite betrachtet, besser von der vorderen Partie abgeschnürt. Seitenecken mit deutlichem Ausschnitt. Scutellum fast dreimal so lang als breit, ähnlich geformt wie bei der genannten Art, sein Kiel in der Basalhälfte verwischt, hinten scharf. Abdomen schmäler als das Pronotum, seine Connexiva ganz bedeckt. Beine ähnlich wie bei *macilentus* W. Die Sculptur gleichfalls ziemlich ähnlich. Auf der hinteren Hälfte des Prothorax und Scutellum sind unregelmässige, aus dicht gedrängten Körnchen bestehende Flecken. Dunkelbraun, der Kopf und die Mitte des Scutellum fast schwarzbraun, ebenso die Fühler. Beine gelbgrün. 10 Mm.

1 ♂ auf dem Vulcan Chiriqui (2000—3000 Fuss) von Champion gesammelt. Mit *M. macilentus* W. sehr nahe verwandt, an den angegebenen Merkmalen aber wohl nicht schwer zu erkennen.

27. *Macrocephalus angustatus* Champion.
Taf. IX. Fig. 45.

! *Macrocephalus angustatus* Champion, Biol. Centr. Amer., 1898.

Den beiden vorhergehenden Arten sehr ähnlich. Kopf fast ganz wie bei diesen; von den Fühlern des ♂ ist das zweite Glied $1^2/_3$ mal, das dritte zweimal, das vierte $4^1/_2$ mal so lang als breit und $2^1/_4$ mal so lang als das zweite und dritte zusammen. (Bei dem mir vorliegenden ♀ sind die Fühler leider abgebrochen.) Pronotum ganz ähnlich wie bei *macilentus* W., seine Seitenecken nicht ausgeschnitten, der hintere Theil nicht stärker gewölbt und daher vom vorderen nicht stark abgeschnürt. Scutellum ganz ähnlich geformt und gekielt, etwas feiner und bedeutend dichter punktirt. Beine und Abdomen ganz ähnlich; im weiblichen Geschlechte ragt ein Rand der Connexiva unter dem Corium hervor, immerhin ist aber auch hier das Abdomen noch schmäler als der Thorax. Auf der Oberseite des Thorax und des Scutellum ist kaum eine Granulirung zu bemerken. Der ♂ ist dunkler, das ♀ lichter bräunlich, in der hinteren Partie des Prothorax und Scutellum dunkler; Fühler braun, Beine gelbgrün. 10—11 Mm.

1 ♂ vom Chiriqui (leg. Champion), 1 ♀ aus Chontales in Nicaragua (leg. Janson).

Diese Art ist, wie erwähnt, mit den beiden vorhergehenden sehr nahe verwandt, durch die Verhältnisse der Fühlerglieder aber von beiden, von *attenuatus* Champ. überdies durch die Thoraxform zu unterscheiden.

28. *Macrocephalus granulatus* Champion.

Taf. IX, Fig. 47.

! *Macrocephalus granulatus* Champion, Biol. Centr. Amer., 1898.

Dem *M. Falleni* Stål am ähnlichsten. Kopf fast wie bei dieser Art, Fühler lang und schlank, ihr drittes Glied viel länger und grösser als bei allen anderen Arten. Bei dem ♂ ist das zweite Glied doppelt, das dritte dreimal, das vierte viermal so lang als breit, ebenso lang als das zweite und dritte zusammen. Beim ♀ ist das zweite Glied ähnlich, das dritte fast viermal, das vierte viermal so lang als breit und ebenso lang als die zwei vorhergehenden Glieder zusammen. Pronotum sehr flach, ganz ähnlich wie bei *Falleni* Stål, die Kiele nur in der Mitte deutlich, die Seitenecken kaum vortretend, weder aufgebogen, noch deutlich ausgeschnitten. Scutellum lang zungenförmig, gegen die Basis stark verschmälert, doppelt so lang als breit; der Kiel scharf und einfach, schmal, nicht wie bei *Falleni* Stål dachartig. Hinterleib des ♂ schlank herzförmig, kaum breiter als der Thorax, jener des ♀ breit herzförmig und breiter als der Thorax. Connexiva verhältnissmässig schmal, ganzrandig und bis zum fünften Segmente freiliegend. Ecken der Vorderbrust mässig vortretend, Mesosternalkiel unbewehrt. Beine ähnlich wie bei *Falleni* Stål, die Vorderschenkel aber etwas schlanker, mehr wie doppelt so lang als breit, deutlich granulirt. Punktirung in der hinteren Partie des Pronotum grob und dicht, auf dem Scutellum vorn grob, hinten fein und sehr dicht. Granulirung reichlich und ziemlich fein, auf dem Scutellum des ♂ unregelmässig vertheilt. ♂: Gelbbraun, Kopf und Fühler dunkel, ebenso die Oberseite des Thorax, mit Ausnahme der Ränder und zweier Mittelflecke; Scutellum graubraun, mit zwei hinter einander auf dem Kiele liegenden lichten Flecken. Die Körnchen bilden gelbe Flecken. Connexiva auf jedem einzelnen Segmente vorn licht, hinten dunkel. Vorderbeine dunkler als die folgenden Paare. ♀: Schmutzig röthlichbraun, Kopf und Thorax oben dunkler, Fühler dunkler. 9—10 Mm.

1 ♂, 1 ♀ aus Sinanja in Vera Paz (leg. Champion), 1 ♀ aus Omilteme in Guerrero (8000 Fuss, leg. H. Smith). Das letztere Exemplar ist nicht so deutlich granulirt wie die ersteren; Herr Champion, der mir alle drei Exemplare zusandte, hielt es anfangs für eine eigene Art.

M. granulatus Ch. ist wohl mit *Falleni* St. am nächsten verwandt und deutet vielleicht auf Beziehungen zwischen dieser Art und der *prehensilis*-Gruppe.

29. *Macrocephalus Falleni* Stål.

Taf. VII, Fig. 8; Taf. IX, Fig. 43.

! *Macrocephalus Falleni* Stål, Stett. Ent. Zeit., XXIII, 441, 1862.
! » » » Enumeratio, V, 135, 1876.

♂. Schlank, mit auffallend langen Fühlern. Kopf lang, die Bucculae gut von dem gezähnten Rande der Rüsselrinne geschieden. Auf der Oberseite des Kopfes keine deutlichen Höcker. Fühler mit ganz besonders langem Endglied, ihr zweites Glied $1^2/_3$ mal, das dritte $2^2/_3$ mal, das vierte $6^1/_2$ mal so lang als breit, $2^1/_2$ mal so lang als die zwei vorhergehenden Glieder zusammen. Thorax oben mässig gewölbt, der vordere Theil nicht so scharf abgesetzt wie bei den anderen Arten. Seitenecken kaum vorgezogen, nicht aufgebogen, abgerundet, nicht ausgeschnitten. Von den Kielen ist nur ein kurzes Stück in der Mitte des Pronotum erhalten. Ecken der Vorderbrust bewehrt, Mesosternalkiel unbewehrt. Scutellum breit, nicht ganz doppelt so lang als breit, gegen die Basis zu fast gar nicht verschmälert, flach, nur in der Mitte der Länge nach mit einer schmalen, ungefähr ein Sechstel der Breite einnehmenden dachartigen Erhebung, auf welcher der feine glatte Kiel liegt. Membran stark beraucht. Vorderhüften ziemlich schlank, mit wenigen Dörnchen besetzt. Schenkel nicht ganz doppelt so lang als breit, gleich von der Basis aus erweitert, ziemlich fein granulirt. Mittel- und Hinterbeine nicht deutlich granulirt. Hinterleib verhältnissmässig schmal, ungefähr $1^1/_2$ mal so lang als breit, Connexiva schmal, ganzrandig, nicht ganz freiliegend.

Der ganze Körper ist reichlich granulirt, oben feiner als an den Seiten und unten. Die hintere Partie des Pronotum ist lederartig punktirt; die Punkte sind jedoch nicht scharf begrenzt. Scutellum an der Basis grob und nicht scharf punktirt, dahinter viel feiner, dicht und scharf, mit zahlreichen sehr feinen Körnchen. Die Unterseite ist gelbbraun, stellenweise dunkler, die Oberseite mehr graubraun, in der hinteren Partie des Pronotum und in der vorderen des Scutellum am dunkelsten. Kopf oben schwärzlich, Fühler dunkelbraun. 9·5 Mm.

1 ♂ aus Mexico (Coll. Signoret in Mus. Vindobon.), die Type Stål's.

M. Falleni St. ist an den angegebenen Merkmalen, in erster Linie an dem auffallend verlängerten Endgliede der Fühler leicht zu erkennen.

30. *Macrocephalus affinis* Guérin.

Taf. VI, Fig. 9.

Macrocephalus affinis Guérin, Iconogr., 349. Taf. 56, Fig. 10, 1843.
» » Westwood, Trans. Ent. Soc., III, 26, 1843.
! » *crassimanus* Amyot et Serville, Hist. Nat., 292, Taf. 6, Fig. 2, 1843.
! » *affinis* Stål, Enumeratio, V, 136, 1876.

Derb und kräftig gebaut. Rüssel sehr kräftig, fast ganz anliegend, Rand der Rüsselrinne hoch, bewehrt, Ocellen und Stirnhöcker nicht deutlich. Fühler kräftig, beim ♂ das zweite Glied fast doppelt, das dritte doppelt, das vierte dreimal so lang als breit, nicht ganz $1^1/_2$ mal so lang als die zwei vorhergehenden Glieder zusammen; beim ♀ ist das zweite kaum $1^1/_2$ mal, das dritte $1^2/_3$ mal und das vierte $2^1/_3$ mal so lang als dick, $1^1/_4$ mal so lang als das zweite und dritte zusammen. Thorax auffallend dick und stark gewölbt, der vordere Theil des Pronotum vom hinteren stark abgesetzt, ersterer ohne Höcker, letzterer mit zwei starken, in grosse zusammengedrückte Höcker ausgezogenen Kielen. Seitenecken deutlich aufgebogen und undeutlich zweibuchtig.

Ecken der Vorderbrust stark bewehrt, Mesosternalkiel am Ende unbewehrt, nur mit einigen Körnchen besetzt. Scutellum breit, an der Basis etwas verschmälert, in der Mitte mit einer steil dachförmigen, im Umrisse lanzettförmigen Erhebung, welche bis zum Hinterende reicht und an der breitesten Stelle $^1/_3$ des Scutellum einnimmt. Die Sculptur dieser Erhöhung, über welche ein feiner glatter und nicht sehr scharfer Kiel hinzieht, unterscheidet sich nicht von jener der Umgebung. Membran stark gebräunt; Vorderhüften mässig lang, granulirt, Vorderschenkel $2^1/_3$ mal so lang als breit, erst gegen die Mitte zu stärker verbreitert, mit sehr flachen grösseren Warzen und zahlreichen sehr kleinen schuppenartigen Körnchen unregelmässig bedeckt. Mittel- und Hinterschenkel deutlich granulirt, unten mit einigen Zähnchen. Hinterleib dick und breit, beim ♂ wenig, beim ♀ viel breiter als der Thorax, bei ersterem um $^1/_3$ länger als breit, bei letzterem kaum länger als breit. Connexiva ganzrandig, im männlichen Geschlechte auf Segment 2 und 3 etwas länger als breit, im weiblichen fast quadratisch.

Kopf, Vordertheil und Seiten des Thorax mit unregelmässig vertheilten feinen Körnchen. Abdomen zerstreut granulirt. Hintere Partie des Pronotum sehr rauh, grob unregelmässig punktirt, Scutellum an der Basis mit grösseren Punkteindrücken, sonst sehr fein und dicht, fast lederartig punktirt; kahl, fahl gelbbraun, Kopf, Fühler, Thorax und Vorderbeine nebst der Basis des Scutellum besonders bei den männlichen Individuen mehr oder minder dunkelbraun. 11—12 Mm.

Ich untersuchte 19 ♂ und 10 ♀ von dieser auffallenden Art. Alle stammen aus Brasilien.

M. affinis Guér. steht ziemlich isolirt, ich bin nicht in der Lage, nähere Beziehungen zu irgend einer anderen Art oder Artgruppe herauszufinden.

III. Oxythyreus Westwood.

Macrocephalus subg. *Oxythyreus* Westwood, Trans. Ent. Soc., III, 27, 1843.
Oxythyreus Amyot et Serville, Hist. Nat., 291, 1843.
»   Walker, Catal., VI, 172, 1873.

Kopf ähnlich wie bei *Macrocephalus*, fast cylindrisch, ohne Stirnfortsatz. Weder ober den gut entwickelten, schwach gewölbten Facettaugen, noch unter denselben, noch neben der Rüsselrinne ist eine Fühlerrinne vorhanden, die Genae schliessen vorn unter den Fühlern zusammen, tragen aber im Gegensatze zu *Macrocephalus* keine Fühlerrinne. Tylus deutlich. Juga gross, die Basis der Fühler nicht ganz umschliessend. Bucculae mässig gross, nicht stark hervortretend, deutlich getheilt. Die zur Aufnahme des Rüssels bestimmte Rinne an der Unterseite des Kopfes ist gut begrenzt und nur so breit als der Rüssel; neben ihr ist keine Fühlerrinne zu bemerken. Rüssel kräftig und fast anliegend, sein erstes (zweites) Glied viel länger als das zweite (dritte); das Endglied kurz und scharf. Fühler derb, nach demselben Principe gebaut wie bei den anderen Gattungen, ihr viertes Glied sehr gross, fast cylindrisch, viel länger als die zwei vorhergehenden. In der Ruhe dürften die Fühler seitlich neben dem Rüssel, an den Kopf

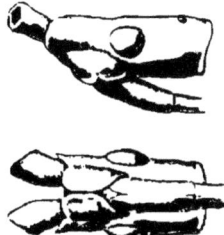

Fig. 26.
Kopf von *Oxythyreus cylindricornis.*

und Thorax angelegt werden. Thorax sehr flach, im Ganzen ähnlich gebaut wie bei *Macrocephalus*, an den Seiten ohne Fühlerrinne. Die vordere mehr kegelförmige Partie des Pronotum ist von der hinteren nicht sehr deutlich geschieden, die Mittelfurche deutlich, die Kiele treten nicht stark hervor. Ecken der Vorderbrust sehr stark vorgezogen, das Ende des Rüssels umschliessend. Das Scutellum ist schmal und spitz dreieckig, reicht nur bis auf die Mitte des Abdomen und trägt keinen deutlichen Längskiel. Die Vorderflügel sind ähnlich wie bei *Macrocephalus*, ihr Corium jedoch breiter, die dritte Längsader der Membran (scheinbar die erste) ist vom Grunde aus getheilt, ähnlich wie bei den folgenden Gattungen. Zwischen der fünften und siebenten Ader liegen zwei Zellen, von denen sich die erste fast bis zum Saume erstreckt. Hinterflügel mit deutlichem Hamus und Anallappen; die siebente und neunte Ader getheilt, die elfte Ader nicht deutlich erhalten.

Die Vorderbeine sind nach demselben Typus gebaut wie bei *Macrocephalus*, aber schlanker als bei den meisten Arten dieser Gattung; ihr Tarsus ist atrophirt. Mittel- und Hinterbeine sind sehr kurz und kräftig, ihre Tarsen zweigliedrig und nicht besonders lang.

Hinterleib sehr gross und breit, auffallend flach, herzförmig, mit der grössten Breite in der Gegend des dritten Segmentes. Die Connexiva sind einfach geformt, ganzrandig.

1. *Oxythyreus cylindricornis* Westwood.

Taf. VI, Fig. 6.

! *Macrocephalus (Oxythyreus) cylindricornis* Westwood, Trans. Ent. Soc., III, 28, Taf. 2, Fig. 7, 1843.
! *Oxythyreus cylindricornis* Amyot et Serville, Hist. nat., 291, 1843.

♀. Rand der Rüsselrinne nicht bewehrt. Fühler sehr derb, fast cylindrisch, das erste Glied dick, walzenförmig, am Ende schief abgeschnitten, das zweite und dritte fast gleich, dick birnförmig und nicht merklich länger als breit, das lange Endglied dick walzenförmig, etwas gebogen und zugespitzt. Pronotum sehr flach, der vordere Theil von dem hinteren nicht sehr scharf geschieden, die Kiele nicht scharf, die Seitenecken zugespitzt und nach aussen gerichtet, deutlich vorragend. Scutellum sehr spitz dreieckig, bis auf das vierte Segment reichend, mit wulstigen Seitenrändern, aber ohne Mittelkiel. Ecken der Vorderbrust stark spitz vorgezogen, das Ende des Rüssels umschliessend. Vorderhüften lang und schlank, unbewehrt, Vorderschenkel ungefähr dreimal so lang als breit, Mittel- und Hinterbeine sehr kurz. Membran und Hinterflügel glashell. Hinterleib flach, sehr breit herzförmig, viel breiter als der Thorax; die Connexiva gleich breit und ganzrandig. Kopf, Fühler, Vordertheil des Pronotum, Brust und Hinterleib ziemlich schütter mit verschieden feinen Körnchen besetzt. Hintere Partie des Pronotum und Scutellum ziemlich gleichmässig mittelgrob punktirt. Thorax und Fühler sind licht braunroth, Scutellum, Corium, Abdomen und Beine gelbbraun. 10 Mm.

1 ♀, die Type von Westwood und Amyot aus dem Pariser Museum. Der Fundort ist nicht bekannt.

IV. Amblythyreus Westwood.

Macrocephalus subgen. *Amblythyreus* Westwood, Trans. Ent. Soc., III, 30, 1843.

Amblythyreus Amyot et Serville. Hist. Nat. 291, 1843.

Mecodactylus Fieber, Europ. Hemipt., 34, 1861.

    »   Walker, Catalog., VI, 170, 1873.

Amblythyreus   »   ibid., 172, 1873.

    »   Stål, Enumeratio, V, 131, 1876.

Kopf ähnlich wie bei *Macrocephalus* und *Oxythyreus*, fast cylindrisch, ohne Stirnfortsatz und ohne Fühlerrinnen. Facettaugen gross, aber flach, Ocellen gut entwickelt. Tylus deutlich begrenzt; Juga gross und becherförmig, die Basis der Fühler umschliessend; Genae vorn unter den Fühlern zusammenstossend, ohne Fühlerrinne. Bucculae gut entwickelt. Rüsselrinne gut entwickelt, nur so breit wie der Rüssel; dieser ist lang und kräftig, fast anliegend und gerade; seine zwei ersten Glieder sind fast gleich lang, das dritte ist kürzer, aber nicht so kurz wie bei den vorhergehenden Gattungen.

Fühler mässig zart, nicht sehr lang und ähnlich gebaut wie bei *Macrocephalus*; ihr Endglied ist dicker und länger als die zwei vorhergehenden, keulenförmig. In der Ruhe werden die Fühler nach unten geschlagen und liegen neben dem Rüssel.

Thorax ähnlich gebaut wie bei *Oxythyreus*, flach, an den Seiten ohne Fühlerrinne. Der vordere Theil des Pronotum nicht scharf geschieden, der hintere Theil in spitze Ecken ausgezogen; Mittelfurche deutlich, Kiele nicht sehr gut entwickelt. Ecken der Vorderbrust stark vorgezogen, das Ende des Rüssels einschliessend. Scutellum fast halbelliptisch, höchstens die Mitte des Abdomen erreichend und nicht deutlich gekielt.

Vorderflügel ähnlich wie bei *Oxythyreus*, das Corium breiter als bei *Macrocephalus*; die dritte (scheinbar erste) Ader der Membran vom Grunde aus getheilt. Die zwei zwischen der fünften und siebenten Ader liegenden Zellen sind viel grösser als bei *Macrocephalus*, und die vordere erscheint gegen den Spitzenrand nicht deutlich abgeschlossen. Hinterflügel mit Hamus und Anallappen, ihre siebente und neunte Ader getheilt, die elfte undeutlich.

Beine ähnlich wie bei *Oxythyreus*, das erste Paar nach demselben Typus gebaut, ohne Tarsus; Mittel- und Hinterbeine sind etwas schlanker als bei *Oxythyreus*, das zweite Glied ihrer Tarsen länger und dünner, gebogen.

Der Hinterleib ist breit und flach, fast rhombisch; die breiteste Stelle liegt in dem dritten Segmente. Connexiva ganzrandig, Hinterende nicht ausgeschnitten, Genitalsegmente ähnlich wie bei den vorhergehenden Gattungen.

Sculptur und Färbung sind ähnlich wie bei *Macrocephalus*.

1. *Amblythyreus Stålii* n. sp.

Taf. IX, Fig. 49

! *Amblythyreus quadratus* Stål, Enumeratio, V, 134, 1876.

♂. Kopf lang, fast cylindrisch, von oben gesehen von der Basis gegen die Augen zu deutlich verbreitert, vor den Augen nicht schmäler als dahinter. Ocellenhöcker sehr flach, Bucculae deutlich gelappt und gut begrenzt, Rand der Rüsselrinne stark granulirt. Rüssel gerade, seine ersten zwei Glieder fast gleich. Fühler kräftig, ihr erstes Glied verhältnissmässig kurz, doppelt so lang als breit, das zweite $1\frac{1}{2}$ mal, das dritte doppelt, das vierte kaum mehr wie dreimal so lang als breit, doppelt so lang als das zweite und dritte zusammen. Pronotum fast dreieckig, oben ziemlich flach, $1\frac{2}{3}$ mal so breit als lang, die eingedrückte Mittellinie in der vorderen Partie deutlich, die zwei Mittelkiele deutlich, vorn und hinten verwischt, die Seitenecken spitz dreieckig, deutlich schief nach oben, aussen und hinten gerichtet. Ecken der Vorderbrust scharf vorgezogen.

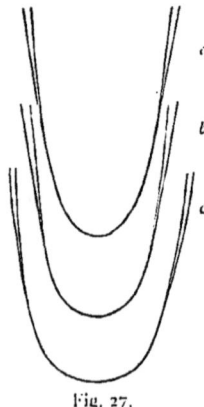

Fig. 27.

a) Amblythyreus Ge-stroi♂. b) intermedius ♀, c) Ståli ♂.
Form des Scutellum.

Vorderhüften lang, nur wenig kürzer als die Schenkel, diese fast dreimal so lang als breit, sowie die folgenden Beine nicht granulirt. Scutellum flach, fast halbelliptisch, nur um $1/_6$ länger als breit, ohne Kiel, gegen die Basis zu deutlich gerandet. Membran stark gebräunt, mit dunklen Adern. Hinterleib sehr flach, fast rhombisch, $1 1/_3$ mal so breit als lang; Connexiva des ersten und zweiten Segmentes an den Hinterecken vorragend, jenes des dritten Segmentes in der Mitte eckig vorgezogen.

Kopf und Thoraxseiten nicht sehr auffallend, aber deutlich granulirt, die vordere Partie des Pronotum fast gar nicht. Der freiliegende Theil des Hinterleibsrückens erscheint infolge der dichten Granulirung fast runzelig. Der hintere Theil des Pronotum ist etwas gröber, das Scutellum etwas feiner und dichter punktirt. Grundfarbe des kahlen Körpers ist röthlichgelb, der Hinterrand und die Ecken des Pronotum, eine Querbinde über das Abdomen und die Fühler sind dunkler bräunlichroth, der Kopf und das vierte Fühlerglied oben schwärzlich. Corium röthlichgelb, Beine gelb. 11 Mm.

Die obige Beschreibung bezieht sich auf ein einzelnes ♂ aus Ostindien (Pondichery, Coll. Signoret in Mus. Caes. Vindobon.). Es ist dasselbe Exemplar, welches Ståll gesehen und als »*quadratus* Westw.« angeführt hat, ohne es aber zu beschreiben. Ich bin nicht der Meinung, dass man diese Art mit einiger Sicherheit auf Westwood's *quadratus* beziehen kann, dessen Beschreibung in einigen Punkten nicht übereinstimmt. Nachdem es mir nicht gelang, die Type aus England zu bekommen, ziehe ich entschieden vor, meiner Art einen neuen Namen zu geben, als durch eine unsichere Zwangsdeutung einen Namen zu ersparen und dafür vielleicht eine Confusion anzurichten.

2. *Amblythyreus intermedius* n. sp.

Taf. VI, Fig. 7; Taf. IX, Fig. 50, 51.

Dem *A. Ståli* m. ähnlich, aber schlanker. Kopf gegen die Augen zu nicht stark verbreitert, vor den Augen so breit wie hinter denselben. Fühler schlanker als bei *Ståli*, beim ♂ das erste Glied fast dreimal, das zweite doppelt, das dritte $2 2/_3$ mal, das vierte fast viermal so lang als breit, $1 1/_2$ mal so lang als das zweite und dritte zusammen, beim ♀ ist das erste Glied $2 1/_2$ mal, das zweite $1 2/_3$ mal, das dritte $2 1/_2$ mal und das vierte $3 1/_3 — 3 1/_2$ mal so lang als breit, $1 1/_2$ mal so lang als das zweite und dritte zusammen. Das Pronotum ist ungefähr $1 1/_2$ mal so breit als lang, sonst aber ähnlich wie bei *Ståli* m., das Scutellum länger, mehr als $1 1/_3$ mal so lang als breit, hinten nicht so breit abgerundet. Membran stark gebräunt, ihre Adern dunkel. Beine ganz ähnlich wie bei der genannten Art. Der Hinterleib ist um $1/_6 — 1/_5$ breiter als lang. Connexiva des ersten und zweiten Segmentes an den hinteren Ecken kaum vortretend, jene des dritten Segmentes in der Mitte eckig.

Kopf, Brustseiten und Abdomen sind ähnlich granulirt wie bei *Ståli*, der vordere Theil des Pronotum sehr deutlich unregelmässig gekörnt, die seitlichen Ränder deutlicher gesägt. Punktirung etwas gröber. Die Grundfarbe ist gelb, beim ♀ mehr röthlich; beim ♂ ist die Oberseite des Kopfes, die Fühler, die Ecken des Prothorax und eine Querbinde des Hinterleibes dunkelbraun. Corium und Beine sind gelb. Im weiblichen Geschlechte sind nur die Oberseite des Kopfes und die Basalglieder der Fühler bräunlich, die Ecken des Thorax und Abdomen nur leicht gebräunt. 10·5—12 Mm. 1 ♂ aus Bengalen und 2 ♀ aus Südindien (Tritschinapali und Mts. Kodikanel), alle drei aus der reichen Sammlung des Herrn M. Noualhier.

Westwood's *A. quadratus* könnte sich ebensogut auf diese Art beziehen als auf die vorhergehende. Die Unterschiede zwischen den zwei Arten sind keineswegs sehr auffallend, scheinen mir aber doch zur Unterscheidung vollkommen auszureichen.

3. *Amblythyreus Gestroi* n. sp.

Taf. IX, Fig. 52.

♂. Aehnlich gebaut wie die zwei vorhergehenden Arten, aber noch etwas schlanker als *intermedius* m. Der Kopf ähnlich wie bei dieser Art, vor den Augen nicht schmäler als hinter denselben. Erstes Fühlerglied mehr wie doppelt so lang als breit, das zweite doppelt, das dritte 2 $^1/_2$ mal, das vierte fünfmal so lang als breit, auffallend schlank und 2 $^1/_2$ mal so lang als das zweite und dritte zusammen. Thorax ähnlich wie bei *intermedius* m., etwas weniger wie 1 $^1/_2$ mal so breit als lang, das Scutellum noch länger und schmäler, mehr spitz zulaufend, um mehr als $^1/_3$ länger als breit. Membran stark tingirt. Beine ganz ähnlich wie bei den vorhergehenden Arten. Der Hinterleib etwas länger als breit, seine ersten zwei Connexiva kaum eckig vortretend, das dritte nicht eckig, sondern abgerundet. Granulirung ganz ähnlich wie bei *intermedius* m., auf dem vorderen Theile des Pronotum sehr deutlich. Punktirung des Thorax etwas schwächer und feiner. Der Körper ist gelb; die Oberseite des Kopfes und des Thorax mit Ausnahme der Seitenränder, das Corium und eine breite Querbinde über das Abdomen schwarzbraun; die ersten drei Fühlerglieder schwärzlich, das vierte braun. Beine gelb. 1 ♂ von Carin Chebà (900—1100 M., 5. XII. 1888, Fea leg.), Eigenthum des Museums in Genua.

Ich hielt diese Art ursprünglich für *A. angustus* Westw., von dem ich leider die Typen nicht bekommen konnte. Später erhielt ich durch gütige Vermittlung des Herrn Kirby eine Zeichnung des Originalexemplares der genannten Art und kam dadurch zu der Ueberzeugung, es sei doch auch hier besser zu trennen als zwangsweise zu vereinigen.

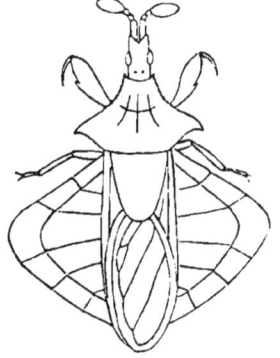

Fig. 28.

Amblythyreus rhombiventris nach Westwood.

4. *Amblythyreus rhombiventris* Westwood.

Macrocephalus (Amblythyreus) rhombiventris Westwood, Trans. Ent. Soc. Lond., III, 30, Taf. 2, Fig. 8, 1843.

»Laete fulvo-luteus, opacus, laevis, capite supra postice et thoracis parte postica nigricantibus, angulis lateralibus abdominis macula fusca maculaque utrinque versus apicem, hemelytrorum membrana fuscescenti, abdomine in medio sub alas rufescenti. Corpus totum subtus, cum pedibus, fulvo-luteum. Long. corp. lin. 6 (13 mm.) Habitat? In Mus. Soc. Linn. Lond.«

Leider konnte ich nicht eruiren, was mit der Type geschehen ist. Beschreibung und Abbildung stimmen mit keiner von den drei mir bekannten Arten überein. Die Fühler sind viel kürzer und dicker, und der Hinterleib ist viel breiter. Selbst bei dem ♀ des *Ståli*, welches ich nicht kenne, müssen die Fühler schlanker sein, als sie Westwood bei *rhombiventris* zeichnet. Die übrigen Arten kommen schon wegen des viel schmäleren Hinterleibes nicht in Betracht, haben übrigens noch viel längere Fühler als *Ståli* m.

5. *Amblythyreus quadratus* Westwood.

Macrocephalus (Amblythyreus) quadratus Westwood, Trans. Ent. Soc. Lond., III, 31, 1843.

»Pallide luteo-fulvus, punctatus, capite et articulis tribus basalibus antennarum magis brunneis, concoloribus, pronoti angulis lateralibus acute productis fuscis margineque postico obscuro, abdomine angustiori quadrato, angulis lateralibus obscuris. Long. corp. lin. 5 (11 mm.); lat. abdom. lin. 3 (6·5 mm.). Hab. in India orientali. In Mus. nostr.

Corpus subtus cum pedibus et rostro pallide luteum, abdomine maculis nonnullis mediis carneis. Pronotum marginibus lateralibus serrulatum, angulis valde prominentibus ut in praecedente, linea impressa longitudinali media, alterisque duabus elevatis. Abdomen in medio sub tegmina carneum, angulis lateralibus apiceque fuscatis. Corium hemelytrorum luteum, venis ad apicem ejus carneis; membrana parum fuscescenti, venis obscuris; alarum vena basali externa crassa carnea.«

Auch von dieser Art wurde bisher die Type nicht untersucht. Nach der Beschreibung zu schliessen, scheint mit *intermedius* m. oder *Ståli* m. ziemlich grosse Aehnlichkeit vorhanden zu sein. Man kann aber bei dem Umstande, dass sich die *Amblythyreus*-Arten nur durch subtile Merkmale unterscheiden, keine sichere Deutung wagen. Westwood hat hier wie bei der vorigen Art vergessen, das Geschlecht anzugeben.

6. *Amblythyreus angustus* Westwood.

Macrocephalus (Amblythyreus) angustus Westwood, Trans. Ent. Soc. Lond., III, 31, 1843.

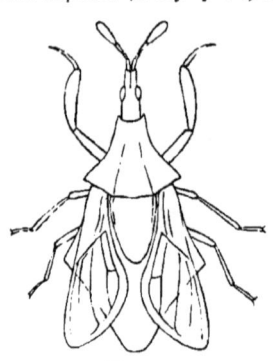

»Niger, thorace abdomineque angustioribus, prothoracis marginibus lateralibus fulvis, disco postice subrufo, abdomine fulvo fascia media nigra, scutello angustiori. Long. corp. lin. 5 (11 mm.); lat. abdom. lin. 2½ (5·5 mm.). Habitat? In Mus. Brit.

Pronotum marginibus lateralibus vix emarginatis serrulatis, fulvis, disco postice subrufo; scutellum fulvum, hemelytra fusca, membrana pallida venis nigris. Abdomen, quam in praecedentibus duabus speciebus, multo angustius, fulvum, fascia transversa media nigra; apice rufo.

Corpus subtus fulvum, capite nigro, antennis nigris, basi articuli ultimi rufescenti. Rostrum fulvum.«

Fig. 29.

Amblythyreus angustus Westw., nach einer Type aus dem British-Museum von E. Green skizirt.

Stimmt nach der Beschreibung ziemlich gut mit meinem *Gestroi* überein. Durch gütige Vermittlung des Herrn Kirby erhielt ich eine von Herrn James Green ausgeführte Zeichnung des im Britisch-Museum aufbewahrten Originalexemplares (♂). Kopf und Fühler sind — vorausgesetzt, dass die Zeichnung nicht ganz schlecht ist — doch von jenen des *Gestroi* m. sehr verschieden.

Die Vorderbeine sind von einem anderen Exemplare (sec. Kirby i. l.) und in unnatürlicher Stellung von der schmalen Oberseite aus gezeichnet. Herr Kirby theilt mir mit, *A. angustus* W. stamme aus Indien.

V. Cnizocoris n. g.

Kopf schlank, ähnlich gebaut wie bei den drei vorhergehenden Gattungen, fast cylindrisch, ohne Stirnfortsatz. Die stark gewölbten, fast halbkugeligen Facettaugen liegen vor der Mitte der Kopfseiten, die sehr gut entwickelten Ocellen auf dem Scheitel. Tylus kaum begrenzt, Juga, wie bei den vorhergehenden Gattungen, becherförmig, die Fühlerbasis umschliessend. Genae vorn zusammenschliessend, stark vortretend, Bucculae gut geschieden und gelappt. Rüsselrinne einfach, deutlich gerandet. Rüssel lang, ähnlich wie bei *Amblythyreus* Westw. gebaut, nicht anliegend; seine zwei ersten Glieder fast gleich lang, das dritte ziemlich lang und dünn, nicht gebogen. Fühler sehr schlank, ihr erstes Glied lang, cylindrisch, das zweite und dritte fast keulenförmig, mässig lang, das vierte sehr lang, schlank keulenförmig. Auf dem Kopfe ist weder ober den Augen, noch unter denselben, noch neben der Rüsselrinne, noch an der Vorderseite der Genae eine Fühlerrinne zu bemerken.

Thorax ähnlich gebaut wie bei *Amblythyreus* Westw., an den Seiten ohne Fühlerrinne; der vordere Theil des Pronotum ist vom hinteren ziemlich deutlich geschieden, die Kiele und die Mittelfurche sind erhalten, die Seitenecken in eine scharfe Spitze ausgezogen. Das Scutellum ist sehr kurz, fast dreieckig, mit abgerundeter Spitze, ohne Mittelkiel und erreicht kaum $^1/_3$ der Länge des Hinterleibes. Ecken der Vorderbrust in einen Dorn ausgezogen.

Vorderflügel ähnlich wie bei *Amblythyreus* Westw.; das Corium gross und breit, seine dritte und fünfte Ader erst am Ende getrennt. In der Membran ist die dritte Ader wie bei *Amblythyreus* Westw. vom Grunde aus getheilt, die fünfte und siebente Längsader gleichfalls ganz ähnlich wie bei der genannten Gattung. Hinterflügel mit gut entwickeltem Hamus und Anallappen; sowohl die siebente als die neunte Convexader getheilt.

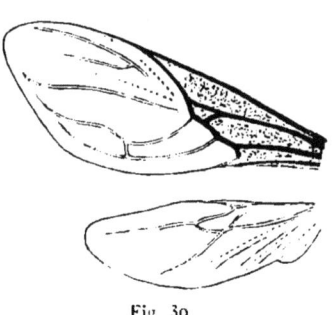

Fig. 30.
Cnizocoris Davidi ♂.

Die Beine sind sehr schlank, das erste Paar nach demselben Typus gebaut wie bei den drei vorhergehenden Gattungen, mit sehr langer Hüfte und atrophirtem Tarsus. Mittel- und Hinterbeine sind sehr schlank, das zweite Glied ihrer Tarsen dünn und lang, gebogen.

Das Abdomen ist flach, in der Grundform fast elliptisch, doppelt so lang als breit und am Hinterende ausgeschnitten. Die Connexiva sind schmal und ganzrandig, die Genitalsegmente ähnlich gebaut wie bei den anderen Gattungen.

Sculptur und Farbe sind ähnlich wie bei den verwandten Gattungen.

Cnizocoris m. ist mit *Amblythyreus* Westw. sehr nahe verwandt, unterscheidet sich aber auffallend durch den ganz verschiedenen Habitus. Während *Amblythyreus* Westw. das Aussehen einer *Verlusia* hat, sieht *Cnizocoris* m. der Gattung *Stenocephalus* am ähnlichsten.

17*

1. *Cnizocoris Davidi* n. sp.

Taf. VI, Fig. 8; Taf. IX, Fig. 53, 63.

♂ Sehr schlank und flach, habituell einem *Stenocephalus* ähnlich.

Kopf schlank, cylindrisch, an den Rändern der Rüsselrinne grob gekörnt, Ocellen-höcker nicht entwickelt. Fühler sehr lang und schlank, so lang als der Kopf und Thorax zusammen; das erste Glied ist fast cylindrisch, beinahe dreimal so lang als breit, das zweite keulenförmig, $2\frac{1}{2}$ mal so lang als breit, das dritte ganz ähnlich wie das zweite, das vierte achtmal so lang als dick, mehr walzen- als keulenförmig und am Ende zugespitzt, mehr wie $2\frac{1}{2}$ mal so lang als die zwei vorhergehenden zusammen. Pro-notum flach, seine Kiele deutlich, die Seitenecken sehr scharf zugespitzt, nach oben und etwas nach hinten gerichtet. Ecken der Vorderbrust in je einen dornartigen Zapfen verlängert. Scutellum ziemlich klein, dreieckig, mit abgerundeter Spitze, flach, an den Seiten deutlich gerandet, ohne Mittelkiel und nicht ganz ein Drittel der Länge des Hinterleibes erreichend. Membran stark gebräunt. Beine sehr schlank, die Vorder-hüften lang, cylindrisch, die Schenkel fast dreimal so lang als breit, nicht deutlich gra-nulirt. Hinterleib lang elliptisch, doppelt so lang als breit, seine Connexiva schmal, mit schwach vorragenden Hinterecken. Das Hinterende stark ausgeschnitten.

Der Kopf, der vordere Theil des Pronotum und die Brustseiten sind sehr schütter granulirt, die hintere Hälfte des Prothorax und das Scutellum mässig grob und un-regelmässig punktirt. Abdomen kaum granulirt. Der Körper ist kahl; Kopf und Fühler sind schwarzbraun, ebenso der Thorax, mit Ausnahme der gelben Sterna und einiger bräunlicher Flecken auf dem Pronotum und an den Brustseiten; Scutellum braunroth, an der Basis verdunkelt; Corium dunkel braunroth; Abdomen unten gelb, oben schwarz; die Connexiva auf jedem einzelnen Segmente vorn gelb, hinten schwarz. Rüssel und Beine gelb. 10 Mm.

1 ♂ aus Thibet (Mou-Pin), von Herrn A. David gesammelt und Eigenthum des Pariser Museums.

2. *Cnizocoris Stenocephalus* n. sp.

Taf. IX, Fig. 54, 64.

♂. Der *Cnizocoris Davidi* m. sehr ähnlich. Die Ränder der Rüsselrinne nicht deutlich gekörnt, sehr wenig hervortretend. Fühler ähnlich, ihr erstes Glied dreimal, das zweite zweimal, das dritte $2\frac{1}{2}$ mal und das vierte achtmal so lang als breit, fast $3\frac{1}{2}$ mal so lang als das zweite und dritte zusammen, im Verhältniss also länger als bei *Davidi* m. Thorax gleichfalls ähnlich wie bei der anderen Art, die Seitenecken aber nicht so gleichmässig spitz ausgezogen, sondern mehr unvermittelt verjüngt und stärker nach hinten gebogen. Scutellum etwas länger und mehr zugespitzt. Beine und Flügel sind ganz ähnlich, ebenso das Abdomen, die Granulirung und die Sculptur. Kopf und Fühler sind schwarzbraun, der Thorax unten gelbbraun, oben rothbraun, in der Mitte und am Vorderrande dunkler; Vorderbrustseiten in der oberen Partie schwärzlich; Scutellum rothbraun; Hinterleib unten gelbbraun, oben schwarz, die Con-nexiva einfärbig bräunlich. Beine gelbbraun, theilweise verdunkelt, Rüssel braun. 10 Mm.

1 ♂ aus Dardjiling, von Herrn Harmand gesammelt und Eigenthum des Pariser Museums.

VI. Glossopelta n. p.

Kopf sehr lang, ähnlich gebaut wie bei den vier vorhergehenden Gattungen, fast cylindrisch, ohne Stirnfortsatz. Ueber die Seiten der Genae und Bucculae zieht eine deutliche Fühlerrinne, welche sich an der Unterseite des Kopfes neben der Rüsselrinne fortsetzt. Tylus deutlich begrenzt, Juga wie bei den vorhergehenden Gattungen becherförmig, die Fühlerbasis einschliessend. Genae vorspringend, vorne unter den Fühlern zusammenschliessend, Bucculae gross, gut begrenzt. Die Rüsselrinne ist jederseits erweitert und dient dadurch auch als Fühlerrinne. Augen gut entwickelt, ziemlich stark gewölbt und etwas vor der Mitte der Kopfseiten liegend. Ocellen deutlich. Rüssel kräftig, fast gerade, sein erstes Glied entschieden länger als das zweite, das dritte fast gerade, dünn und mässig lang. Fühler zierlich und schlank, in der Ruhe nach unten geschlagen; ihr Schaft ist dick und kurz, das zweite und dritte Glied sehr dünn und schlank, das Endglied schlank keulenförmig.

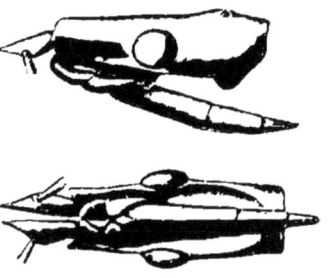

Fig. 31.

Glossopelta acuta Handl. ♀

Prothorax ähnlich gebaut wie bei den vorhergehenden Gattungen, oben ziemlich flach, die Seitenecken relativ stark entwickelt, Mittelfurche deutlich, Kiele mässig ausgebildet; Seiten ohne Fühlerrinne; Ecken der Vorderbrust sehr stark spitz vortretend, das Ende des Rüssels einschliessend. Scutellum so lang als das Abdomen, zungenförmig, ohne deutlichen Mittelkiel.

Vorderflügel ähnlich wie bei den drei vorhergehenden Gattungen, das Corium aber schmäler, mit fast ganz verschmolzener dritter und fünfter Ader. In der Membran ist die dritte Ader gegabelt. Die Zellen zwischen der fünften und siebenten sind ganz wie bei *Amblythyreus* W. und *Cnizocoris* m. Hinterflügel mit Hamus und gut entwickeltem Anallappen; siebente Längsader einfach, neunte getheilt.

Beine nicht besonders lang. Das erste Paar ist nach demselben Typus gebaut wie bei den vier vorhergehenden Gattungen: Mässig kräftige Raubbeine nach dem *Mantis*-Typus, ohne Tarsus. Mittel- und Hinterbeine, im Vergleiche zu *Cnizocoris*, sehr kurz, flachgedrückt, mit ziemlich langem zweiten Tarsenglied.

Das Abdomen ist nicht auffallend flach, ähnlich geformt wie bei *Macrocephalus* Swed., im Umrisse schlank herzförmig, an dem Hinterende (♂) ausgeschnitten. Die Connexiva sind mässig stark entwickelt, ganzrandig, die Genitalsegmente im Ganzen ähnlich gebaut wie bei den anderen Gattungen.

Sculptur und Färbung ähnlich wie bei den verwandten Gattungen.

Glossopelta m. gleicht habituell am meisten der Gattung *Macrocephalus* Swed., gehört aber, nach dem Flügelgeäder zu schliessen, in die nähere Verwandtschaft von *Amblythyreus* W., *Cnizocoris* m., *Oxythyreus* Westw. und *Agrenocoris* m.

Von den drei erstgenannten Gattungen unterscheidet sich *Glossopelta* wesentlich durch das lange Scutellum, von *Agrenocoris* hauptsächlich durch die Fühlerrinnen des Kopfes.

1. *Glossopelta acuta* n. sp.

Taf. VI, Fig. 4; Taf. IX, Fig. 55, 56, 65.

Schlank gebaut und ziemlich flach. Kopf sehr lang, von oben gesehen fast cylindrisch erscheinend. Die Fühlerrinne an der Unterseite des Kopfes ist seitlich durch eine grob granulirte Leiste begrenzt. Fühler sehr schlank, ihr erstes Glied in eine scharfe Spitze ausgezogen, an deren äusserer Seite das zweite Glied inserirt ist. Im männlichen Geschlechte ist das zweite Glied $3^1/_2$ mal, das dritte viermal, das vierte fünfmal so lang als breit und nur um ein Viertel länger als das zweite und dritte zusammen; im weiblichen Geschlechte ist das zweite Glied dreimal, das dritte fünfmal, das vierte nicht ganz fünfmal so lang als breit und kaum länger als die zwei vorhergehenden zusammen. Die vordere Partie des Pronotum ist schmal und lang, dessen Seiten in je eine grosse, breite, etwas aufgebogene Spitze ausgezogen, hinter welcher noch die Andeutung einer zweiten kleinen Spitze zu sehen ist. In Folge der stark vortretenden Seitenspitzen erscheinen die Ränder des Pronotum tief ausgebuchtet. Die Mittelrinne ist deutlich, auch die Kiele sind in der Mitte gut erhalten. Das Scutellum erreicht das Ende des Hinterleibes und ist schmal zungenförmig, vor der Mitte deutlich verschmälert; ein Mittelkiel ist nur gegen die Basis zu angedeutet. Membran stark gebräunt, mit violettem Schimmer und dunklen Adern. Vorderhüfte dreimal so lang als breit, Vorderschenkel nicht sehr stark erweitert, gleichfalls dreimal so lang als breit, so wie jene der folgenden Beinpaare kaum granulirt.

Das Abdomen ist mässig flach, schlank herzförmig, an der Grenze des zweiten und dritten Segmentes am breitesten, im weiblichen Geschlechte breiter als der Thorax. Die Connexiva mässig breit, fast ganzrandig; das Hinterende bei dem ♂ deutlich ausgeschnitten, bei dem ♀ nur schwach ausgebuchtet.

Der Kopf, die vordere Partie des Pronotum und die Brustseiten sind unregelmässig, schütter und ziemlich grob granulirt, der Hinterleib nur sehr undeutlich. Der hintere Theil des Pronotum, namentlich dessen Seitenlappen und die Basis des Scutellum, sind ganz besonders grob und unregelmässig punktirt, der übrige Theil des Scutellum erscheint in Folge der feinen und dichten Sculptur fast lederartig. Die Grundfarbe ist röthlich lehmgelb, oben auf dem Thorax und Scutellum stellenweise etwas grau oder bräunlich. Bei dem ♂ ist der Kopf mit den Fühlern, der vordere Theil des Prothorax, dessen ganze Oberseite, das Scutellum, mit Ausnahme einer Mittellinie, und das Corium mehr oder weniger stark gebräunt, manchmal sogar schwarz. 10 bis 11·5 Mm.

Ich untersuchte 8 ♂ und 4 ♀ aus Carin Cheba und Chan Yoma in Birmanien, von Fea gesammelt, ferner aus Sumatra (S. Rambé, D. Tolong, Balighe), von Modigliani gesammelt, Eigenthum des Museums in Genua und des Herrn A. L. Montandon.

2. *Glossopelta Montandoni* n. sp.

Taf. IX, Fig. 57.

♀. Mit der vorhergehenden Art sehr nahe verwandt. Der Kopf ist ganz ähnlich. Das erste Fühlerglied am Ende nicht in eine Spitze ausgezogen, sondern abgerundet, das zweite dreimal, das dritte fast viermal, das vierte viermal so lang als breit, $1^1/_4$ mal so lang als das zweite und dritte zusammen. Der Thorax ist etwas breiter, seine Seitenlappen sind nicht so stark nach vorn gezogen, mehr gerade nach der Seite und nach oben gerichtet. Flügel und Beine sind ganz ähnlich, das Scutellum und der Hinter-

leib etwas breiter. Die Sculptur ist gleichfalls ähnlich, die Granulirung an der Oberseite des Hinterleibes jedoch deutlicher. Der Körper röthlichgelb, die Seitenecken
des Thorax gebräunt, das Scutellum etwas mehr graugelb. 13 Mm.

1 ♀ von der Insel Pulo-Laut im Südosten von Borneo, Eigenthum meines
sehr geehrten Freundes und Collegen in Bukarest, dem ich die Art gewidmet habe.

3. Glossopelta Harmandi n. sp.

Taf. VI, Fig. 5; Taf. IX, Fig. 58.

♂. Viel schlanker als die zwei vorhergehenden Arten, in der Gestalt an *Macrocephalus macilentus* Westw. erinnernd.

Der Kopf ähnlich wie bei den anderen Arten der Gattung, das erste Fühlerglied nicht spitz vorragend, schief abgestutzt und am Ende abgerundet. Das zweite
und dritte Glied noch dünner als bei *acuta* m., ersteres reichlich viermal, letzteres
sechsmal, das Endglied viermal so lang als breit, gleich lang wie die zwei vorhergehenden zusammen. Vorderer Theil des Pronotum sehr lang, der hintere mit stumpf
dreieckigen, wenig vorragenden und nicht aufgebogenen Seitenlappen. Die Kiele kaum
entwickelt. Ecken der Vorderbrust etwas weniger vorgezogen als bei den zwei anderen
Arten. Scutellum lang zungenförmig, ähnlich wie bei *acuta* m., sein Mittelkiel undeutlich. Membran schwach gebräunt. Beine ähnlich wie bei *acuta* m., die vorderen
etwas weniger schlank; auch die Mittel- und Hinterbeine noch gedrungener. Abdomen
nicht breiter als der Thorax, an den Seiten nicht stark vortretend, ganzrandig und
hinten deutlich ausgeschnitten.

Granulirung auf dem Kopf, Prothorax und namentlich an den Thoraxseiten
stark ausgeprägt. Punktirung des Thorax und Scutellum stärker und auf letzterem
auch viel gröber als bei *acuta* m. Grundfarbe röthlich-gelbbraun, der Kopf nach
vorn zu dunkler, das Scutellum gebräunt, mit unregelmässigen gelblichen Masern.
Basis und Ende der Fühler dunkler. Beine gelb. 10 Mm.

1 ♂ aus dem Pariser Museum mit der Bezeichnung: M. Chandoc, Cochin-
china. Harmand leg.

Diese Art, welche ich nach ihrem Entdecker benenne, ist an den angegebenen
Merkmalen sehr leicht von den zwei anderen Arten der Gattung zu unterscheiden.

VII. Agreuocoris n. sp.

Kopf lang, ähnlich geformt wie bei der vorhergehenden Gattung, fast cylindrisch, ohne Stirnfortsatz. Weder an
den Seiten, noch unten, noch ober den Augen ist eine
Fühlerrinne zu bemerken.

Tylus deutlich begrenzt, Juga wie bei den vorhergehenden Gattungen; Genae stark vorspringend, Bucculae
klein, aber gut begrenzt, beide ohne Fühlerrinne. Rüsselrinne schmal, nicht zu einer Fühlerrinne erweitert, nur so
breit als der Rüssel und deutlich gerandet. Augen und
Ocellen wie bei *Glossopelta* m.

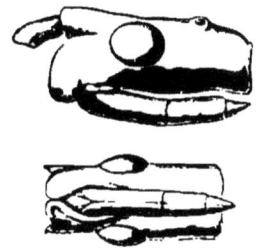

Fig. 32.
Kopf von *Agr. Nonathieri*.

Der Rüssel kräftig und gerade, anliegend, sein erstes Glied viel länger als das zweite. Leider fehlen bei dem einzigen mir vorliegenden Exemplare die Fühler.

Der Thorax ist ähnlich gebaut wie bei *Glossopelta* m., der vordere Theil des Pronotum vom hinteren gut getrennt, die Seitenecken stark entwickelt und aufgebogen, die Mittelfurche deutlich, die Kiele nicht sehr stark entwickelt. Seiten ohne Fühlerrinne. Ecken der Vorderbrust vorgezogen, das Ende des Rüssels einschliessend. Scutellum ganz ähnlich wie bei *Glossopelta* m., lang zungenförmig und das Ende des Hinterleibes erreichend.

Vorderflügel ähnlich wie bei *Glossopelta* m., das Corium schmal, mit verschmolzener dritter und fünfter Ader; die dritte Ader der Membran gegabelt, die Zellen zwischen der fünften und siebenten ganz ähnlich wie bei den vorhergehenden Gattungen.

Hinterflügel mit gut entwickeltem Hamus und Anallappen; sowohl die siebente als die neunte Ader getheilt.

Die Vorderbeine sind bei meinem Exemplare nicht erhalten, doch ist anzunehmen, dass dieselben ähnlich gebaut sind wie bei den verwandten Gattungen. Mittel- und Hinterbeine sind ganz ähnlich wie bei *Glossopelta* m., kurz und gedrungen.

Das Abdomen ist nicht auffallend flach, ganz ähnlich geformt wie bei *Glossopelta* m., breit herzförmig mit stark aufgebogenen Seiten und schwach ausgeschnittenem Hinterende.

Sculptur und Farbe ähnlich wie bei den verwandten Gattungen.

Agreuocoris m. ist mit *Glossopelta* am nächsten verwandt und stimmt, abgesehen von dem Kopfe, in allen wesentlichen Merkmalen mit dieser Gattung überein. Der Kopf erinnert mehr an *Amblythyreus* W., *Cnizocoris* m. und *Oxythyreus* W. Von *Macrocephalus* Swed. ist diese neue Gattung ausser durch das Geäder auch durch den Mangel der Rüsselrinne an der vorderen Seite der Genae verschieden.

1. *Agreuocoris Noualhieri* n. sp.

Fig. 33.
Agr. Noualhieri ♂.

♂. Gestalt ähnlich wie bei *Glossopelta acuta* m. Kopf fast cylindrisch, die Genae vorn ganz zusammenschliessend, der Rand der Rüsselrinne nicht stark hervortretend, unbewehrt. Ocellen-höcker schwach ausgeprägt. Erstes Fühlerglied ziemlich dünn, nicht zugespitzt. Pronotum in der Mitte deutlich eingedrückt, deutlich gekielt, seine Seitenlappen stark aufgebogen, etwas nach hinten gerichtet und am Ende deutlich ausgeschnitten. Das ganze Pronotum ist $1\frac{1}{2}$ mal so breit als lang. Ecken der Vorderbrust stark vorgezogen. Scutellum lang zungenförmig, fast bis an das Ende des Abdomen reichend, ohne scharf ausgeprägten Mittelkiel. Membran stark gebräunt. Abdomen breit herzförmig, entschieden breiter als der Thorax, sein Endsegment etwas ausgebuchtet, die Connexiva ganzrandig, nur an den Ecken des ersten und zweiten Segmentes etwas vortretend. Körper kahl, der Kopf fein granulirt, der vordere Theil des Pronotum und die Brustseiten etwas gröber, ähnlich auch die freiliegenden Theile des Hinter-

leibes. Hinter der Mitte ist das Pronotum dicht und sehr grob punktirt. Scutellum längs der Mitte grob, an den Seiten fein und dicht punktirt. Die Unterseite ist licht röthlichbraun, der Kopf oben und seitlich fast schwarz, der Prothorax oben schwarzbraun, am Rande bräunlich, hinter der Mitte mit einigen röthlichen Flecken. Scutellum fast ganz schwarz; die freiliegenden Seiten des Abdomen bräunlich. Corium dunkel, erstes Fühlerglied dunkel, Rüssel und Beine bräunlich. 10 Mm.

Ich beschreibe diese Form nach einem einzigen, leider stark verletzten Exemplare aus der Sammlung des Herrn M. Noualhier und erlaube mir, ihm die Art zu widmen. Das Exemplar trägt nur die Bezeichnung »Mexique«, deren Richtigkeit ich jedoch bezweifle. Alle verwandten Formen stammen aus Asien.

VIII. Carcinocoris Handlirsch.

Carcinocoris, Handlirsch, Verh. k. k. zool.-bot. Ges. Wien, XLVII, 25, 1897.

Kopf mässig schlank, das Hinterhaupt lang und fast cylindrisch. Stirn ohne Fortsatz, Juga kurz, die Fühlerbasis nicht umschliessend. Facettaugen sehr gross und stark gewölbt, vorgequollen. Ocellen sehr gut entwickelt. Genae sehr gross und weit vorspringend, vorn unter den Fühlern zusammenschliessend. Bucculae gut entwickelt. Rüsselrinne nicht besonders tief. Fühlerrinnen sind weder ober, noch unter den Augen, noch an der Unterseite des Kopfes oder vorn auf den Genis zu bemerken. Rüssel kräftig, etwas gebogen; seine zwei ersten Glieder fast gleich lang, das Endglied dünner und kurz, zugespitzt. Die Fühler sitzen am Ende der Stirn, frei und knapp nebeneinander; sie werden in der Ruhe nach unten geschlagen und kommen so neben dem Rüssel zu liegen. Der Schaft länger, cylindrisch, die folgenden Glieder einzeln stark keulenförmig oder fast knopfartig verdickt, das (vierte) Endglied am grössten.

Der Thorax ist nicht auffallend flach, mehr gedrungen, das Pronotum deutlich in eine vordere und hintere Partie getheilt und trägt nebst zwei deutlichen, gut ausgebildeten Längskielen auch eine Mittelfurche; seine Seitenränder sind nicht wie bei vielen Phymaten comprimirt und erweitert, die Seitenecken mässig stark ausgebildet. Thoraxseiten ohne Fühlerrinne. Ecken der Vorderbrust abgerundet, nicht vorgezogen. Das Scutellum flach und lang, schmal zungenförmig; es erreicht nahezu das Hinterende des Abdomen und trägt einen deutlichen Längskiel.

Fig. 34.
Carcinocoris Binghami.

Corium breit, gut entwickelt; die dritte und fünfte Ader nicht bis zum Ende des Coriums verschmolzen. Dritte Ader in der Membran, so wie bei den vorhergehenden Gattungen, gegabelt, zwischen der fünften und siebenten Ader liegen zwei kurze, fast gleiche Zellen. Die Hinterflügel weichen von jenen der vorhergehenden Genera dadurch ab, dass sowohl der Hamus als auch der Anallappen reducirt sind. Zwischen der sechsten und zehnten Concavader liegen zwei Convexadern, von welchen ich nicht sagen kann, ob sie mit sieben und neun oder als Aeste von einer dieser Adern zu bezeichnen sind.

Die Vorderbeine weichen durch ihre eigenthümliche Form von denen aller vorhergehenden Genera ab; sie sind nicht nach dem Typus von *Mantis-*, sondern nach jenem der Krebsscheeren gebaut. Hüfte und Trochanter sind ähnlich gebildet wie bei den anderen Gattungen, schlank; der Schenkel ist verdickt und trägt an seinem distalen

Ende einen langen unbeweglichen Fortsatz, an dessen eine gezähnte Kante sich die gleichfalls fein gezähnte Schiene wie der bewegliche Finger einer Krebsscheere an den unbeweglichen anlegt. Der Tarsus der Vorderbeine ist atrophirt.

Mittel- und Hinterbeine sind verhältnissmässig schlank, nicht flachgedrückt, ihr erstes Tarsenglied sehr kurz, das zweite mässig lang und leicht gebogen.

Das Abdomen ist nicht auffallend flach, im Umrisse fast rhombisch, seine Connexiva sind breit, mehr oder weniger gelappt, die Genitalsegmente ähnlich gebildet wie bei den anderen Phymatiden. Die breiteste Stelle des Hinterleibes liegt in der Gegend des dritten Segmentes.

Der ganze Körper, mit Einschluss der Beine und Fühler, ist sehr reichlich mit auffallenden borstentragenden Dornfortsätzen besetzt und gewinnt dadurch ein rauhes, stacheliges Aussehen.

Carcinocoris m. ist mit der nächstfolgenden Gattung am engsten verwandt; in dem Geäder sind Charaktere von *Macrocephalus* Swed. (die kleinen Zellen zwischen der fünften und siebenten Ader) mit solchen von *Amblythyreus* W., *Glossopelta* m. und den mit diesen verwandten Formen (gegabelte dritte Ader) vereinigt.

1. *Carcinocoris Castetsi* Handl.

Taf. VI, Fig. 1; Taf. IX, Fig. 59, 60.

! *Carcinocoris Castetsi*. Handlirsch, Verh. k. k. zool.-bot. Ges. Wien, XLVII, 26, 1897.

Auffallend dornig und stachelig, gedrungen gebaut. Ocellenhöcker gut entwickelt, Rand der Rüsselrinne nicht sehr deutlich hervortretend. Fühler ziemlich kurz, bei dem ♂ dicker als bei dem ♀, ihr zweites und drittes Glied bei ersterem stärker, bei letzterem schwächer keulenförmig. Im männlichen Geschlechte ist das zweite Glied doppelt, das dritte $2^1/_2$ mal, das vierte gleichfalls $2^1/_2$ mal so lang als breit und etwas kürzer als die zwei vorhergehenden zusammen. Im weiblichen Geschlechte ist das zweite Glied $1^3/_4$ mal, das dritte dreimal, das vierte nur $2^1/_2$ mal so lang als breit und ebenso lang als die zwei vorhergehenden zusammen. Der Thorax ist ziemlich dick, das Pronotum gewölbt, deutlich gekielt mit gut entwickelten, deutlich hervortretenden und leicht aufgebogenen, aber nicht ausgeschnittenen Seitenecken. Ecken der Vorderbrust nicht vortretend. Scutellum lang und schmal zungenförmig, fast so lang als der Hinterleib, flach, deutlich gerandet und mit einem gut entwickelten, scharfen Mittelkiel versehen.

Corium gut entwickelt, Membran deutlich beraucht, ihre Adern bräunlich. Vorderhüften sehr schlank, fast so lang als der Schenkel; dieser beiläufig $2^1/_2$ mal so lang als breit, dick, oben und unten convex, am distalen Ende in einen langen, deutlich gebogenen, unbeweglichen Fortsatz ausgezogen, an welchen sich die Schiene anschliesst. Mittel- und Hinterbeine sind ziemlich zart und schlank, nicht deutlich flachgedrückt. Hinterleib bedeutend breiter als der Thorax, fast rhombisch, in der Gegend des dritten Segmentes am breitesten. Die Connexiva der einzelnen Segmente flach bogenförmig vortretend, von einander gut abgesetzt; die Seitenecken des dritten Segmentes stärker bogenförmig vortretend. Hinterende nicht ausgebuchtet.

Der Kopf mit den drei ersten Fühlergliedern, der ganze Thorax und das Scutellum, die Beine und die Ränder der Connexiva sind reichlich mit borstentragenden Dornfortsätzen besetzt. Sogar die Augen und die zwei ersten Rüsselglieder tragen einige kleine Dörnchen. Auf dem Scutellum ist die ganze Fläche mit kleinen Dörnchen besetzt, der Rand mit etwas längeren. Die hintere Partie des Pronotum dicht und grob, das Scutellum fast lederartig punktirt. Grundfarbe ist ein blasses, fahles Gelbgrau, im männlichen Geschlechte auf dem Kopf und Thorax bräunlich melirt. Quer über die Mitte des Hinterleibes zieht eine breite, bei dem ♂ fast rein schwarze, bei dem ♀ roth-braune Binde. Im männlichen Geschlechte sind ausserdem noch einige dunkle Flecken auf den Connexiven vorhanden. Der von den Flügeln bedeckte Theil des Hinterleibes ist dunkel. Fühler und Beine sind gelblich, stellenweise, besonders bei den Männchen, etwas gebräunt. 7 – 8 Mm.

2 ♂ und 1 ♀ von Herrn Castets im südlichen Vorderindien (Pulney-Hills und Tritschinapaly) gesammelt, Eigenthum des Herrn M. Noualhier.

2. *Carcinocoris Binghami* Sharp.

Taf. VI, Fig. 2; Taf. IX, Fig. 61, 62.

! *Carcinochelis Binghami* Sharp, Ent. Monthly Mag., XXXIII, 35. 1897.
! *Carcinocoris erinaceus* Handlirsch, Verh. k. k. zool.-bot. Ges., XLVII, 26, Fig., 1897.

Sehr ähnlich der *C. Castetsi* m.; etwas schlanker gebaut. Der Kopf ist ganz ähn-lich, die Fühler dagegen sind entschieden länger; im männlichen Geschlechte ist das zweite Glied 2³/₄ mal, das dritte dreimal, das vierte gleichfalls dreimal so lang als breit und ebenso lang als die zwei vorhergehenden zusammen, im weiblichen Geschlechte ist das zweite Glied doppelt, das dritte 2³/₄ mal, das vierte dreimal so lang als breit, ebenso lang als das zweite und dritte zusammen. Thorax etwas schlanker als bei der anderen Art, seine Seitenecken mehr spitz zulaufend. Scutellum hinten mehr zuge-spitzt. Vorderflügel ähnlich, schwach beraucht, die zwei Zellen zwischen der fünften und siebenten Ader jedoch kleiner als bei *Castetsi* m. Beine gleichfalls ganz ähnlich. Abdomen schlanker, nicht so deutlich rhombisch, eher von elliptischer Form.

Die kleineren Dornen treten mehr zurück, dafür sind die grösseren entschieden länger und viel stärker entwickelt als bei *Castetsi* m. Die Fläche des Scutellum ist nur mit ganz vereinzelten Dörnchen besetzt. Sculptur ähnlich wie bei *Castetsi* m., ebenso die Färbung. Die Querbinde des Hinterleibes tritt jedoch nicht so deutlich hervor. Im männlichen Geschlechte ist die Fühlerbasis nebst einigen Stellen des Kopfes und des Thorax geschwärzt. 6—7 Mm.

3 ♂ und 2 ♀ mit der Bezeichnung »Carin Cheba 900—1100 M. Fea.«, Eigen-thum des Museo civico in Genua und des Herrn A. L. Montandon. Sharp's Be-schreibung ist ungefähr um eine Woche früher erschienen als meine; er hatte ein ein-zelnes von Bingham auf den Pegu Hills (Birmanien) gesammeltes Exemplar vor sich, welches mir später zur Untersuchung zugeschickt wurde.

— ·

IX. Carcinochelis Fieber.

Carcinochelis Fieber, Europ. Hemipt., 34, 1861.
  »   Walker, Catalogue, VI. 170, 1873.
  »   Handlirsch, Verh. k. k. zool.-bot. Ges., XLVII, 25, 1897.

Kopf nicht sehr lang, mit stark entwickeltem Hinterhaupte, ohne Stirnfortsatz. Juga sehr kurz, der Kopf daher nicht weit über die vorgequollenen grossen Augen hinaus fortgesetzt. Ocellen sehr gut entwickelt, auf einem Höcker liegend. Genae und Bucculae mässig gross, deutlich vorspringend. Rüsselrinne nicht sehr deutlich. Weder

ober, noch unter den Augen, noch neben der Rüsselrinne ist eine Spur von Fühlerrinnen zu sehen. Der Rüssel kräftig, freiliegend, seine zwei ersten Glieder fast gleich.
Von den Fühlern sind bei dem einzigen bisher bekannten Exemplare nur die zwei
ersten Glieder erhalten; dieselben sind auffallend kurz, das zweite erscheint fast kugelig.

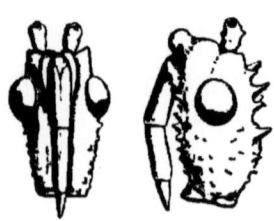

Fig. 35.

Carcinochelis alutaceus.

Der Thorax dick und gedrungen, stark gewölbt, das
Pronotum kaum gerandet, deutlich gekielt, mit deutlich
vorragenden Seitenecken. Ecken der Vorderbrust nicht
vorgezogen. Scutellum fast halbelliptisch, kaum halb
so lang als das Abdomen, ohne deutlichen Mittelkiel.
Seiten des Thorax ohne Fühlerrinne.

Flügel ähnlich wie bei *Carcinocoris* m., das
Corium breit, die dritte Ader der Membran gegabelt.
Von den zwei Zellen zwischen der fünften und siebenten
Ader ist die vordere grösser. Auch die Beine sind ähnlich wie bei *Carcinocoris* m.; die Vorderbeine nach dem-
selben Principe gebaut, scheerenartig. Das Abdomen ziemlich dick, fast rhombisch,
mit schwach gelappten Connexiven.

Der Körper ist nicht so auffallend stachelig wie bei der vorhergehenden Gattung,
mit welcher *Carcinochelis* Fieb. ungemein nahe verwandt ist. Beide Gattungen unterscheiden sich in erster Linie durch das Scutellum.

1. *Carcinochelis alutaceus* m.

Taf. VI, Fig 3.

! *Carcinochelis alutaceus* Fieber, i. l. (Lethiery et Severin, Catal., III, 29, 1896).

♂. Kopf ähnlich wie bei den *Carcinocoris*-Arten, aber etwas dicker. Die Fühler
sehr kurz, ihr erstes Glied nicht viel länger als breit, das zweite fast kugelig. Thorax
breit und gedrungen, stark gewölbt, die Seitenecken nicht sehr stark vorspringend,
nicht merklich aufgebogen und am Ende breit abgestutzt, die Kiele deutlich. Ecken
der Vorderbrust nicht vorgezogen. Scutellum kurz, fast halbelliptisch, nicht ganz bis
zur Mitte des Abdomen reichend, mit feinem Rande und undeutlichem Längskiel.
Vorderflügel ähnlich wie bei *Carcinocoris Castetsi* m.; von den zwei Zellen zwischen
der fünften und siebenten Ader ist die vordere grösser. Die Hinterflügel habe ich nicht
untersucht, weil das einzige Exemplar sehr gebrechlich und nicht mein Eigenthum ist;
ich vermuthe jedoch, dass dieselben ganz ähnlich sein dürften wie bei *Carcinocoris* m.
Beine fast ganz wie bei der genannten Gattung, die zwei hinteren Paare jedoch etwas
weniger schlank. Abdomen breiter als der Thorax, gedrungen und fast rhombisch;
das dritte Segment nicht so stark bogenförmig vortretend und die Connexiva im Ganzen
nicht so stark lappig, mehr ganzrandig; das Hinterende abgerundet.

Der Kopf, die Brustseiten und der vordere Theil des Pronotum sind dicht granulirt; auf der Stirne und auf dem Rande der Rüsselrinne stehen einige grössere dornartige Spitzen. Die Fühlerglieder sind nicht deutlich bedornt. Thorax am Rande und
auf den Mittelkielen des Pronotum, sowie an den Ecken und Rändern der Vorder- und
Mittelbrust mit einigen grösseren Dornen. Beine ähnlich, aber nicht so stark bedornt
und beborstet wie bei den Arten der vorhergehenden Gattung; die Ränder der Connexiva nur mit ganz kurzen borstentragenden Dornwärzchen. Scutellum am Saume
und an der Basis nur granulirt, sonst lederartig punktirt. Der hintere Theil des Pro-

notum ist dicht grob punktirt, das Corium deutlich granulirt. Der Körper ist fast ganz gelbbraun; quer über den Hinterleib zieht eine dunkler braune, breite Binde. 5·5 Mm.

Leider bin ich nicht in der Lage, diese Art ganz ausführlich zu beschreiben, denn das einzige bis jetzt bekannte Exemplar, nach welchem Fieber seine Gattungsdiagnose gemacht hat, ist schlecht erhalten und so gebrechlich, dass ich ein Aufweichen nicht riskiren will. Das Exemplar ist mit Fieber's Sammlung in den Besitz Lethierry's und später in jenen des Herrn M. Noualhier übergegangen. Ein Fundort ist nicht bekannt. Der Name *alutaceus* wurde von Fieber nirgends veröffentlicht und findet sich zum ersten Male, aber ohne Beschreibung in Severin's Katalog.

Correcturen.

Seite 128 oben soll es heissen: Godman und Salvin.
» 129 bei Gmelin ist hinzuzufügen: und *Macrocephalus cimicoides* Swed.
» 164 oben statt *Cornuvacca Cuernaxaca*.
» 165 in der Mitte statt *Cuernavacca Cuernaxaca*.
, 178 in der Synonymie statt *Phymata nervoso-punctata* und *elongata Anthylla nervoso-punctata* und *elongata*.
» 181 als zweites Citat ist einzuschalten: *Macrocephalus* Gmelin, Syst. Nat., I (4). 2201, 1789.
186 als zweites Citat ist einzuschalten: *Macrocephalus cimicoides* Gmelin, Syst. Nat., I (4). 2201, 1789.

Systematische Uebersicht.

Phymatinae.

Macrocephalinae.

Carcinocorinae.

Alphabetisches Verzeichniss der Gattungs- und Artnamen.

Erklärung der Tafeln.

Verzeichniss der Abbildungen im Texte.

18*

Inhaltsübersicht.

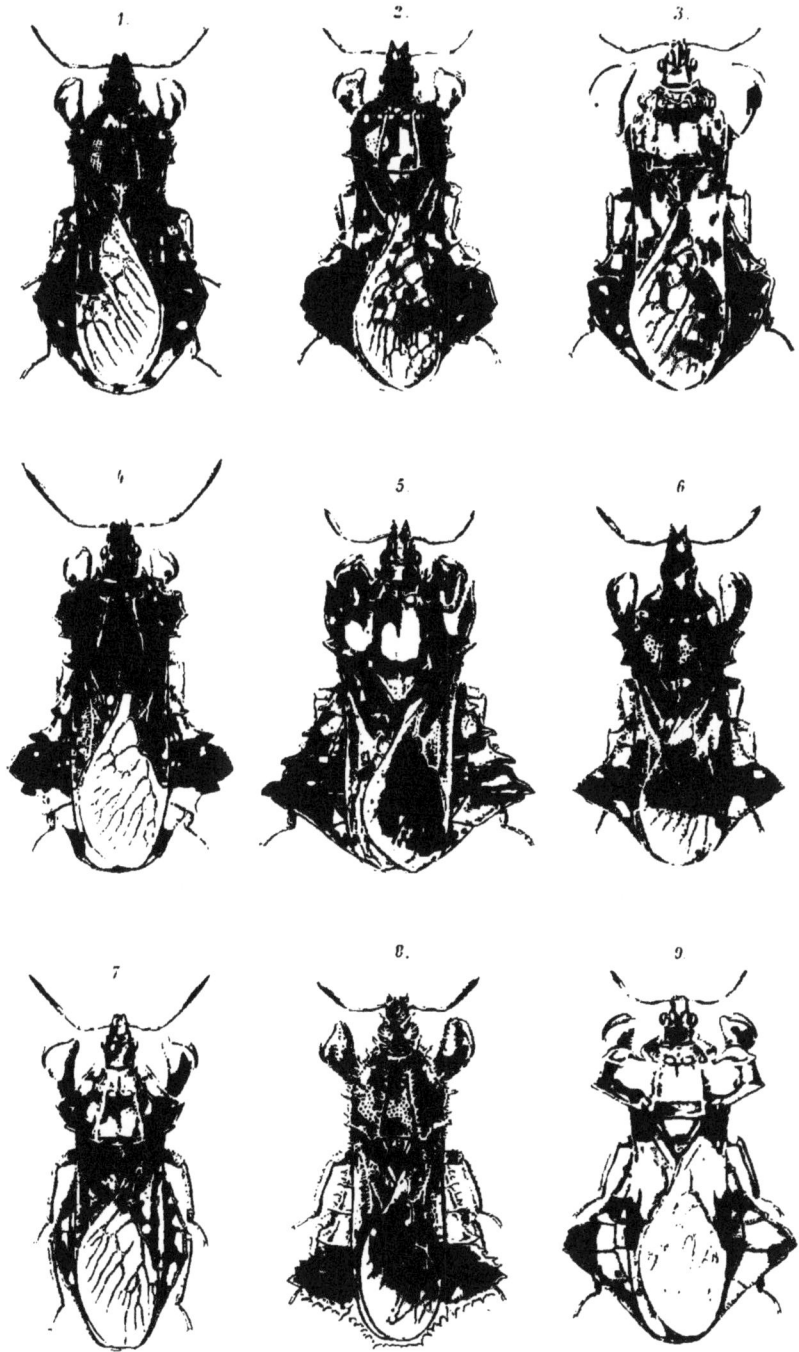

M Freih v Schiereth delin. Lith u Druck v Th Bannwarth Wien

Annalen des k.k. naturhist. Hofmuseums Band XII. 1897.

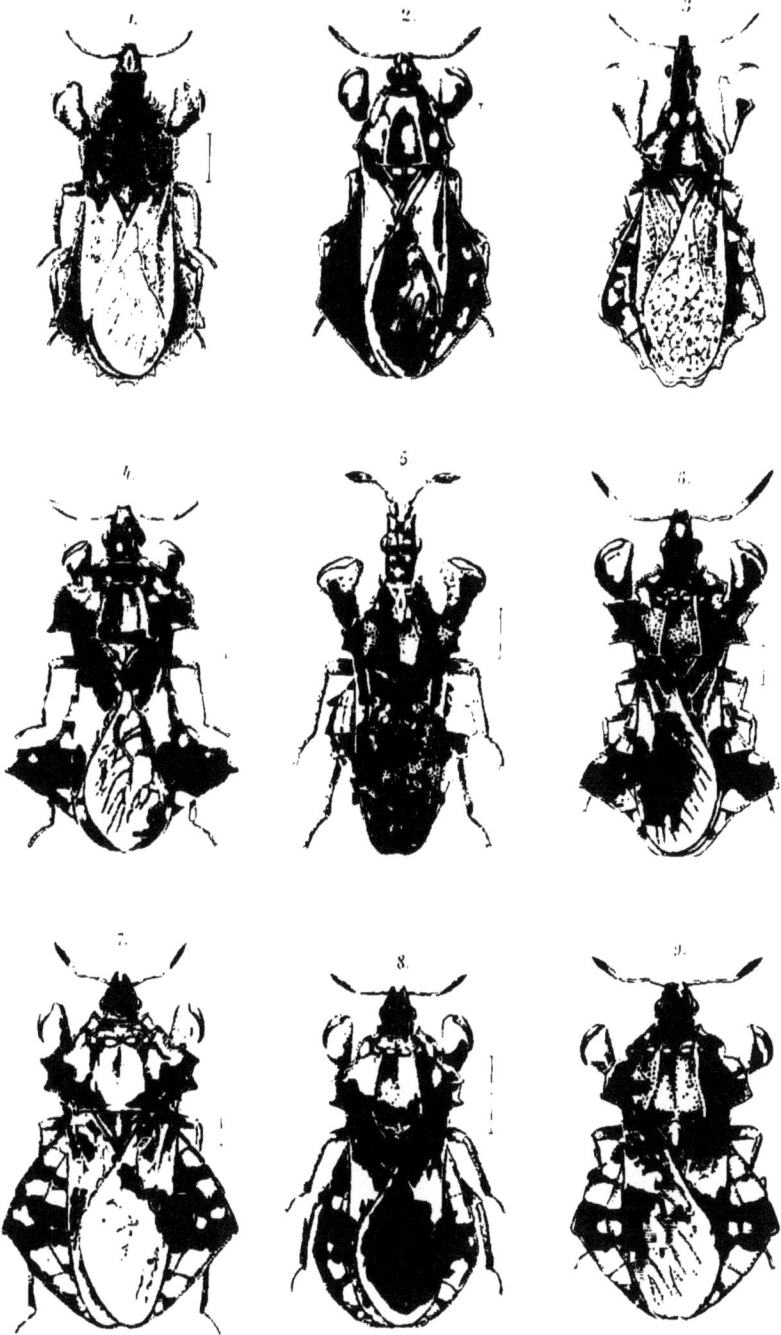

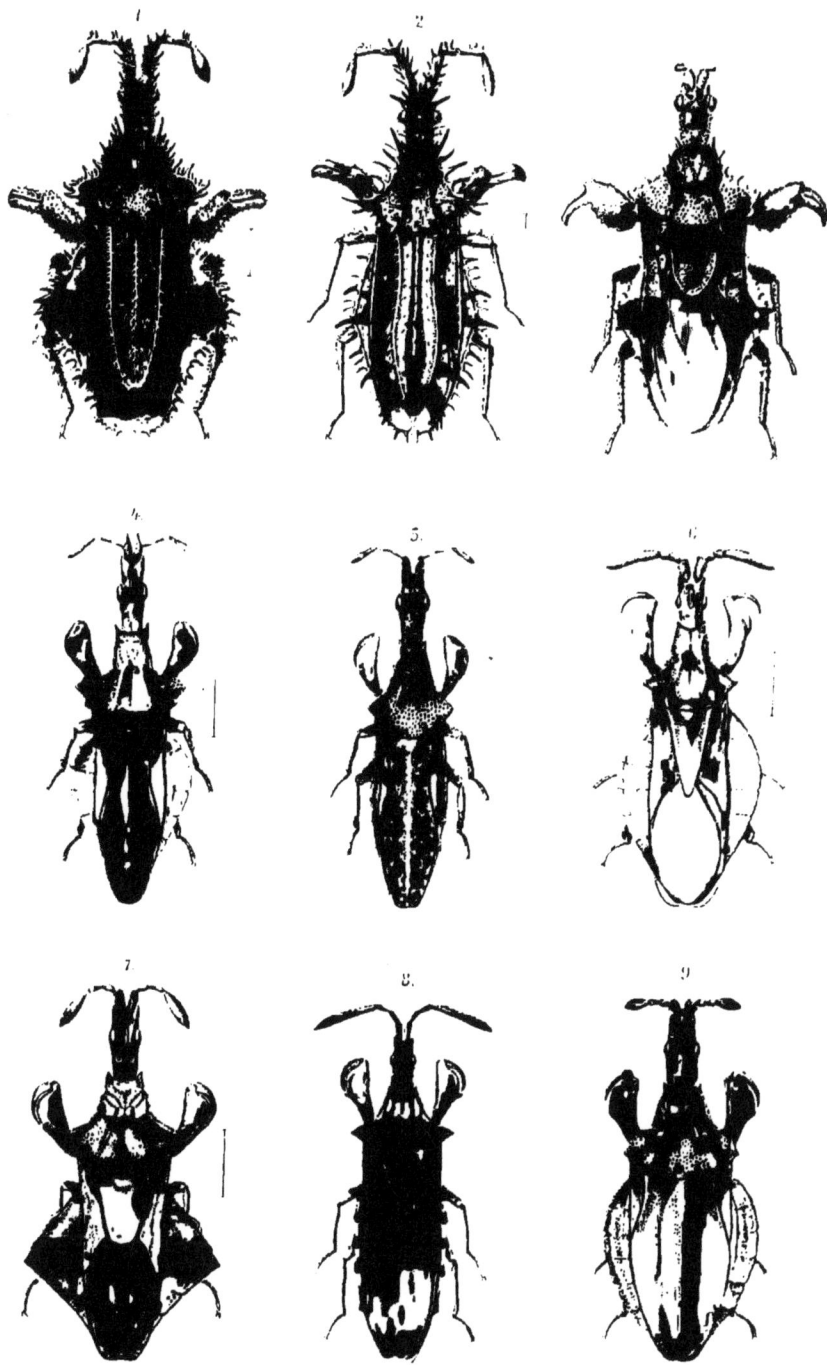

M. Freih v. Schlereth delin.

Annalen des k.k. naturhist. Hofmuseums Band XII. 1897.

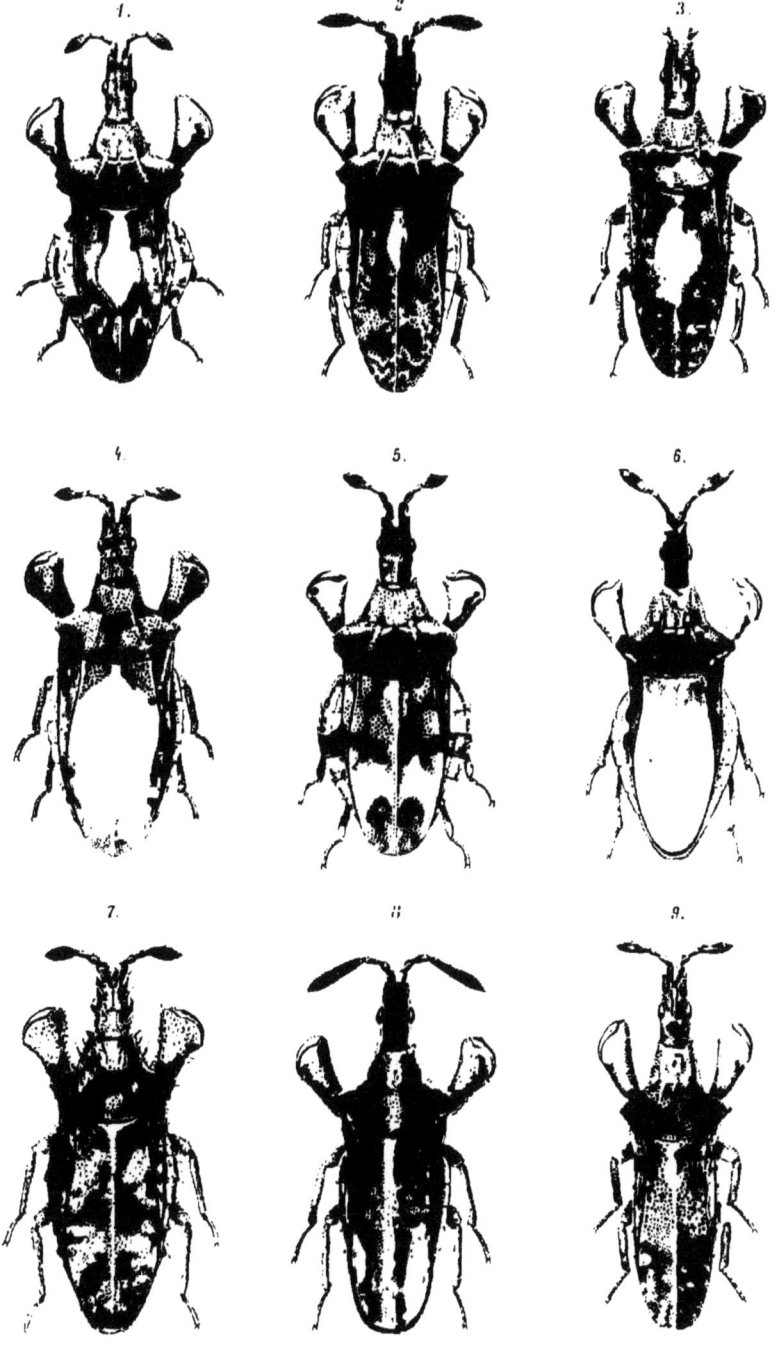

M. Fisch v. Schlereth delin.   Lith.u.Druck v. Th. Bannwarth Wien.

Annalen des k.k. naturhist. Hofmuseums Band XII 1897.

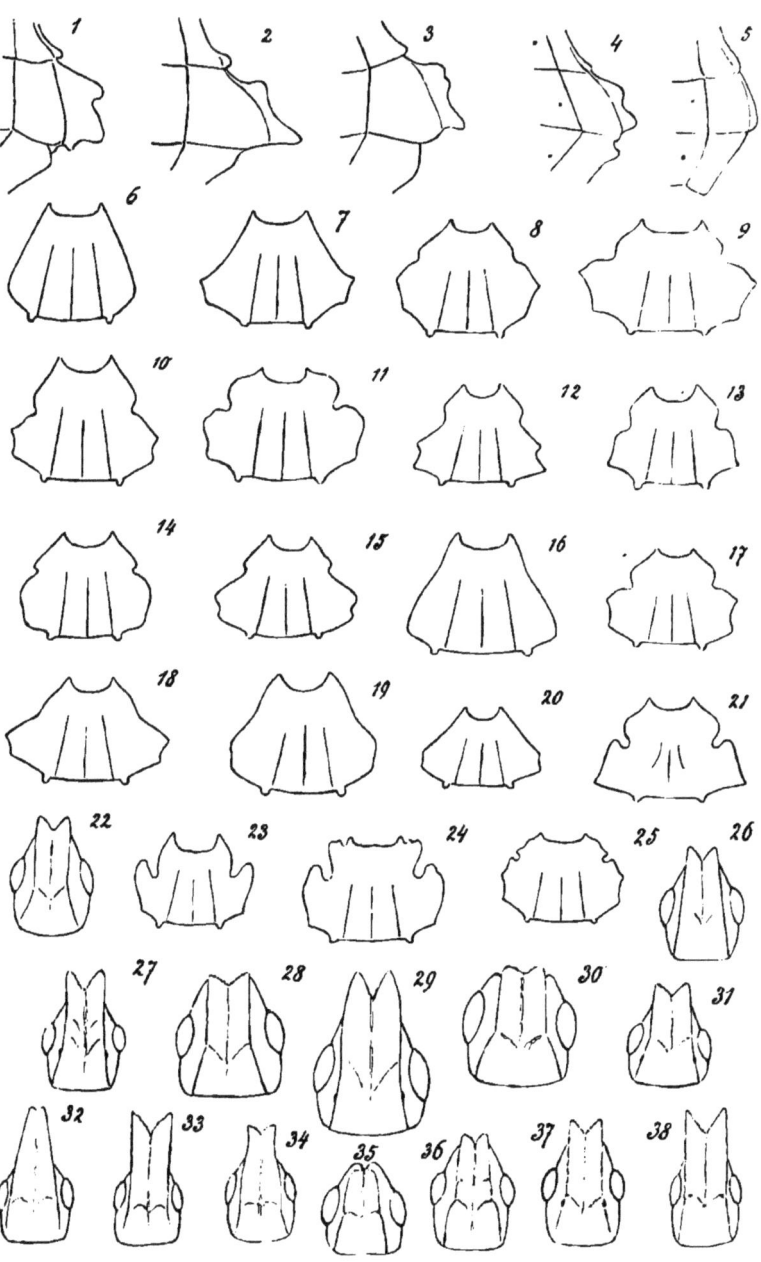

Autor delin.

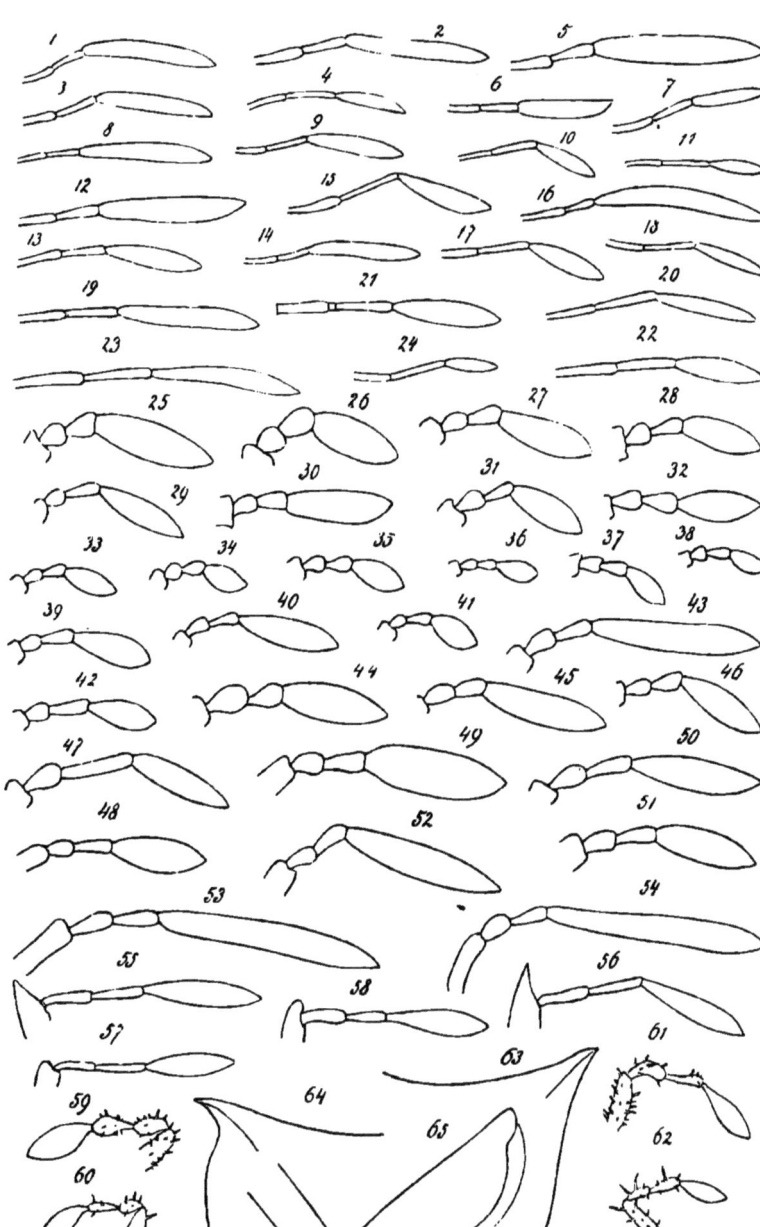